民法総則

尾島茂樹[著]

ベーシック＋プラス
Basic Plus

中央経済社

はじめに

▶本書のねらい

　民法と民法総則の入門書をお届けします。民法は，多くの場合，条文の順番に従って第1編の総則から勉強を始めます。しかし，本書にも書きましたが，総則は，抽象的な内容を定める規定が多く，売買のような契約のあり方と所有権のような権利のあり方を勉強しないと，内容がよく分かりません。また，人によっては，普通，法学入門と呼ばれる基礎知識なしに勉強を始めるかもしれません。そこで，本書には，民法総則の入門書であると同時に，法学入門，民法入門の役割を持たせるという，少々欲張ったことを考えました。

　なお，民法は，2017年に改正法案が国会で可決され，2020年4月1日に一部の規定を除いて施行されます。本書は改正法を解説しています。

▶本書の構成

　本書では，民法とは何かをまず理解していただき，その際，法律を学ぶことはどういうことか，その勉強方法の特徴は何かを見ていただきます。その後で，民法総則を学ぶ上で必要となる債権法と物権法の基礎を学びます。これらを踏まえ，民法総則の内容を条文順に説明します。

　本書は，法律を初めて学ぶ方が独習書として読んでいただくことも考えていますが，大学等の講義用のテキストとして用いていただく場合には，講義で補充がなされることを前提にしています。本書では，出版にあたってシリーズとしての頁数の制限があり，分量をかなり絞ることとなりましたが，その分初学者がまず学ぶべき基本を抽出したものに仕上がりました。独習書として用いていただく方はもちろん，講義のテキストとして用いていただく

方も，発展的な事項については，本書末に掲げた「さらに学びたい人のために」「参考文献」に掲げた文献で補充していただければ幸いです。

本書では，可能な限りCase（事例）を掲げています。抽象的な条文を具体的な問題に即して理解していただくのが狙いです。ある条文がどのような事実があるときに問題となるかをイメージしながら読み進めていただければと思います。その際には，常に「なぜ」を意識しながら読んで下さい。

また，各章末にはWorking, Discussionが置かれています。Workingは，1人で考えるなり調べるなりしていただきたい問題です。Discussionは，1人で考え調べていただいてもよいのですが，できれば他人との議論を通じて自分の理解を深めていただきたい問題です。他人の意見を聞き，さらに考えることは，自分の理解をより深めます。Columnでは，本文の記述を補うことを紹介しています。

▶謝辞

本書は，私の初めての単著書です。ただ，入門書という性格上，自説は書いていません（ただ，ニュアンスが出ているところはあります）。曲がりなりにも単著書が発行できるのは，学部，大学院，助手を通じてお世話になり，その後もご指導いただいた名古屋大学名誉教授の森嶌昭夫先生のおかげです。この場を借りて感謝したいと思います。また，現在の研究環境を提供していただいている名古屋大学大学院法学研究科の同僚にも感謝します。

本書の編集をご担当いただいた中央経済社法律編集部の木村寿香さんからは，私が名古屋大学に赴任した2012年にご連絡をいただきました。最初は，「機会があったら，民法のテキストの執筆を」ということだったのですが，その後，まず，総則からということで具体化しました。ただ，執筆中に民法（債権関係）改正がほぼ確実になり，また国会での成立に時間がかかりました。本書は改正法を内容とすることとしたため，一時，執筆を中断せざるを得ず，結局，改正法成立後の2017年の（短い）夏休みを利用して改正法の部分を執筆することになってしまいました。木村さんには，脱稿をお待たせ

してしまいましたが，入門書としての構成上の貴重なコメントをいただくことができました。

　本書の内容は，先人の多くの業績に負っています。本書末に掲げたものは，その一部です。もちろん，本書における誤りはすべて私の責任です。

　最後に，かなり自由な生活を許してくれており，日々の研究・教育，そして執筆活動に時間を割ける環境を許してくれている家族に感謝します。

2018年3月

尾島　茂樹

▶▶▶目次

はじめに..001

第1章 民法とは何か..013

1 民法学とは何か..013
1.1 勉強の内容　013
1.2 民法の内容　015

2 法律学の勉強法..017
2.1 大学での具体的勉強内容　017
2.2 論文式試験への勉強　020

3 民法の体系..023
3.1 民法の全体像　023
3.2 民法の規定の構造　025

4 民法の沿革と学問..027
4.1 日本民法の沿革　027
4.2 法律学　030

第2章 法律学入門..033

1 民法と特別法..033
1.1 私法の一般法　034
1.2 特別法の必要性　035

2 法源..037
2.1 法源の意義　037
2.2 法源の種類　038

3 法の解釈とその方法..042
3.1 解釈の方向付けの基本的考え方　042
3.2 個別の条文の解釈方法　044

第3章 債権法・物権法の基礎 …047

1 債権法の基礎 …047
- **1.1** 民法が定める債権の発生原因　047
- **1.2** 契約の成立　048
- **1.3** 契約の基礎　055

2 物権法の基礎 …057
- **2.1** 物権と債権　057
- **2.2** 物権の発生・変更・消滅　059
- **2.3** 物権変動　061

3 不動産物権変動の対抗要件 …064
- **3.1** 登記　064
- **3.2** 明認方法　065

4 動産物権変動の対抗要件 …066

第4章 民法の基本原理 …069

1 民法の基本原理 …069
- **1.1** 民法の解釈基準　069
- **1.2** 近代私法の原則　070

2 権利の行使における原則 …072
- **2.1** 私権　072
- **2.2** 権利の行使と義務の履行　072
- **2.3** 一般条項の用い方　074

3 判決のまとめ方 …075

第5章 権利の主体（自然人）…079

1 自然人 …079
- **1.1** 権利能力の主体　079
- **1.2** 自然人の権利能力　080
- **1.3** 外国人の権利能力　083

2 失踪宣告 ... 083
- **2.1** 失踪宣告　083
- **2.2** 失踪宣告の取消し　084
- **2.3** 認定死亡　087

3 意思能力・行為能力 ... 087
- **3.1** 意思能力　087
- **3.2** 行為能力　088
- **3.3** 制限行為能力者の相手方の保護　094
- **3.4** 取消権行使の行使権限　096
- **3.5** 制限行為能力制度の適用範囲　096

4 住　所 ... 097

5 不在者の財産管理 ... 097

第6章　権利の主体（法人）と権利の客体（物） ... 101

1 法　人 ... 101
- **1.1** 法人の意義　101
- **1.2** 法人の設立　106
- **1.3** 法人の機関（内部組織）　107
- **1.4** 法人の対外関係　109
- **1.5** 権利能力なき社団・財団　114

2 物 ... 116
- **2.1** 権利の客体に関する民法の規定　116
- **2.2** 物の意義　117
- **2.3** 動産と不動産　118
- **2.4** 主物と従物　119
- **2.5** 元物と果実　120

第 7 章 法律行為 ... 121

1 法律行為の種類 ... 121
- **1.1** 法律行為の意義　121
- **1.2** 3種類の法律行為　122
- **1.3** 準法律行為（法律的行為）　123
- **1.4** その他の法律要件　124

2 法律行為の解釈 ... 125
- **2.1** 法律行為の内容の確定・補充　125
- **2.2** 法律行為の内容の修正　125
- **2.3** 法律行為自由の原則とその限界　126

3 公序良俗違反 ... 127
- **3.1** 公序良俗違反の意義　127
- **3.2** 公序良俗違反の具体例　128
- **3.3** 公序良俗違反と不法原因給付　129

4 強行規定違反 ... 130
- **4.1** 強行規定違反の意義　130
- **4.2** 取締規定違反　131
- **4.3** 脱法行為　133

第 8 章 意思表示 ... 137

1 意思表示の意義 ... 137
- **1.1** 意思表示の構造　137
- **1.2** 表示と効果意思　138

2 心裡留保 ... 139
- **2.1** 心裡留保の意義　139
- **2.2** 第三者との関係　140
- **2.3** 単独行為　140
- **2.4** 身分上の行為　140
- **2.5** 代理権の濫用　140

3 通謀虚偽表示 141
- **3.1** 通謀虚偽表示の意義　141
- **3.2** 第三者との関係　142
- **3.3** 通謀虚偽表示の撤回　146

4 錯　誤 146
- **4.1** 錯誤の意義　146
- **4.2** 錯誤の分類　147
- **4.3** 表意者および相手方の主観　149
- **4.4** 第三者との関係　150
- **4.5** 錯誤に陥った表意者の損害賠償責任　150

5 詐　欺 151
- **5.1** 詐欺の意義　151
- **5.2** 第三者による詐欺　151
- **5.3** 第三者との関係　152
- **5.4** 詐欺の場合の錯誤の主張　153

6 強　迫 154
- **6.1** 強迫の意義　154
- **6.2** 第三者による強迫　154
- **6.3** 第三者との関係　155

第9章　代　理 157

1 代理の意義 157
- **1.1** 代理の構造　158
- **1.2** 代理の存在理由　159
- **1.3** 代理行為　160
- **1.4** 代理の分類　160

2 代理の類似制度 161
- **2.1** 使　者　161
- **2.2** 間接代理　162
- **2.3** 代　表　162

3 代理の内部関係 163
- **3.1** 代理権の発生　163

- **3.2** 代理権の範囲　165
- **3.3** 代理権に対する制限　165
- **3.4** 代理権の消滅　167

4 代理の外部関係 ... 167
- **4.1** 顕　名　167
- **4.2** 代理権の濫用　168

第10章 無権代理と表見代理 ... 171

1 無権代理 ... 171
- **1.1** 無権代理の意義　171
- **1.2** 無権代理行為と追認・追認拒絶　172
- **1.3** 無権代理と相続　173
- **1.4** 相手方の催告権・取消権　176
- **1.5** 無権代理人の責任　177
- **1.6** 単独行為の無権代理　178

2 表見代理 ... 179
- **2.1** 表見代理の意義　179
- **2.2** 代理権授与の表示の表見代理　180
- **2.3** 代理権ゆ越の表見代理　183
- **2.4** 代理権消滅の表見代理　185

3 表見代理が成立する場合の無権代理の主張 ... 187

第11章 無効・取消し ... 189

1 無効と取消しの意義 ... 189
- **1.1** 無効と取消しの意義　189
- **1.2** 無効と取消しの相違　190
- **1.3** 効果としての無効・取消しを導く根拠　191

2 無　効 ... 192
- **2.1** 無効の種類　192
- **2.2** 一部無効　193
- **2.3** 無効行為の転換　193

3 取消し ... 195

3.1 取消しの類似制度　195
3.2 取消しの要件　196
3.3 取消しの効果　199
3.4 取り消すことができる行為の追認　202
3.5 法定追認　203

第12章 条件・期限 ... 205

1 条件と期限 ... 205

1.1 条件と期限の意義　205
1.2 条件と期限の区別　205
1.3 条件と法定条件の区別　206

2 条　件 ... 206

2.1 条件に親しまない行為　206
2.2 停止条件と解除条件　208
2.3 条件付権利　208
2.4 条件成就の妨害　209
2.5 特殊の条件　210

3 期　限 ... 212

3.1 始期と終期　213
3.2 期限の利益　213

第13章 期間の計算 ... 217

1 期　間 ... 217

2 期間の計算方法 ... 218

2.1 時間によって期間を定めたとき　218
2.2 日，週，月または年によって期間を定めたとき　219
2.3 年齢計算　221

第14章 時効概論 ─ 223

1 時効の意義 ─ 223
- **1.1** 取得時効と消滅時効　223
- **1.2** 時効制度の要素　223
- **1.3** 消滅時効類似の制度　224
- **1.4** 時効制度の存在理由　225
- **1.5** 抗弁権の永久性　227

2 取得時効 ─ 227
- **2.1** 取得時効の意義　227
- **2.2** 所有権の取得時効　228
- **2.3** 所有権以外の財産権の取得時効　232

3 消滅時効 ─ 233
- **3.1** 消滅時効の意義　233
- **3.2** 債権の消滅時効　233
- **3.3** 消滅時効の効果　237

第15章 時効の障碍（しょうがい） ─ 239
時効の更新，完成猶予と援用

1 時効の障碍 ─ 239
- **1.1** 時効の障碍の意義　239
- **1.2** 時効の障碍事由　241
- **1.3** 時効の完成猶予または更新の効力が及ぶ範囲　245

2 時効の援用 ─ 245
- **2.1** 援用の意義　245
- **2.2** 時効の効果発生と援用　245
- **2.3** 援用規定の存在理由　246
- **2.4** 援用権者　247
- **2.5** 時効の利益の放棄・時効の援用権の喪失　248
- **2.6** 援用権の濫用　250

さらに学びたい人のために	251
参考文献	254
事項索引	257
判例索引	261

凡例

▶裁判例年月日

最高裁判所大法廷判決昭和45年6月24日　→　最大判昭和45年6月24日
〈百選Ⅰ5〉　→　『民法判例百選Ⅰ（第8版）』5事件

▶判例集等（略称は太字）

大審院（最高裁判所）**民**事判例**集**

大審院**民**事判決**録**

高等裁判所**民**事判例**集**

家裁**月**報

判例**時**報

法律**新聞**

法律**評論**

金融**法**務事情

第1章 民法とは何か

Learning Points

▶民法とは何でしょうか。民法を学ぶとはどういうことでしょうか。本章では,まず民法の全体像を把握し,民法の勉強法を修得することをめざします。

▶法律学の勉強は,世間では誤解されているかもしれませんが,条文の暗記ではありません。法律の条文を中心とした解釈学が中心です。本章では,民法の学び方を学びます。

Key Words

民法　法律学　勉強法

1　民法学とは何か

　民法は何を定めているのでしょうか。民法を勉強するとはどういうことでしょうか。ここでは,民法が何を扱っているかを見ることを通じて,法律学とは何か,民法学とは何かを見ていきます。なお,本書では,民法の条文については条数のみで示します。

1.1　勉強の内容

　大学での勉強,法律学の勉強は,高校までの勉強とどのように異なるのでしょうか。小学校から高校まで国語,算数(数学),英語(外国語),理科,社会,技術・家庭,音楽,美術,体育など多様な学科目が置かれており,憲法や消費者法などを学ぶ機会もあります。それらすべてにほぼ共通していえることは,それらを勉強することの内容が100％正しいとされていることを

覚えテストの時にそれを効率よく答案に表せるようにすることであり，これができれば優等生となることです。

これに対し，大学で教えられていることは，何が正しいことだかは分からないという点に特徴があります。確かに，自然科学においては客観的に「真実はいつも 1 つ」です。しかし，古くは，太陽が地球の周りを回っているのか，あるいは地球が太陽の周りを回っているのか，について，学問上，争われました。現在でも，たとえば，宇宙はどのようにして生まれたか（物理学），邪馬台国はどこにあったのか（歴史学，考古学）など，有力説はあっても定説をみないものもあります。ただ，これらの学問では，客観的に正しいといえることが必ずあります。正しいかどうかは，実験，経験などによって客観的に確かめることができます。大学では，よく分からないことの真実を確かめるため，日夜，研究しているのです。

これに対し，法律学では，実験，経験によっても客観的に正しいことを確かめることができません。もちろん，客観的に誤っていることはあります。しかし，唯一絶対の真実として何かを主張することができません。そこで，過去には法律学が科学といえるのかという問題が提起されたこともあります。

それでは，法律学は何を探求しているのでしょうか。言い換えれば，法律学の主たる課題は何なのでしょうか。従来，法律学は**法解釈学**を中心としてきました。法解釈学とは「条文を主たる根拠として，ある具体的な事実の下における法的処理として何が正しいか」を研究する学問です。ここでは「何が正しいか」という判断基準が問題となります。

もちろん機械的に正しいか否かの答えが出る場合があります。たとえば満 17 歳の者に選挙権があるか否かは，法律に照らして客観的に定まります。したがって，現行法上，衆議院の選挙において満 17 歳の者に投票をさせることができるという主張（法解釈論）は，法解釈としては客観的に誤りです。これに対し，満 17 歳の者に選挙権を与えるべきであるという主張は**立法論**の問題で，その当否は全く別の問題です。このように法解釈論と立法論は区別されます。本書で問題としているのは，法解釈学の課題です。

多くの条文は，いろいろな事例に対処するために，極めて抽象的に書かれ

ています。したがって，条文にはある程度，解釈の余地が生まれます。そこで，条文の意味内容について，いろいろな人がそれぞれ解釈して「私はこう考える」と主張します。しかし，ただ主張するだけでは，結局，その優劣は決まりません。それぞれの解釈の優劣を判断する際の重要な問題は，結論とともにその理由付けにあります。要するに，どれだけ多くの人がその考え方に賛成（納得）するのかを判断基準として，主張内容の優劣を判定します（ある意味，多数決による民主主義？）。

　法解釈学では，論者は，形式としては，条文の客観的解釈として，一定の結論を主張します。1つの条文の意味内容として，いくつかの結論，理由付けが主張されている場合には，勉強の内容は，①見解が分かれていることを認識し，②なぜ見解が分かれているのかを理解し，③それぞれの見解の結論，理由付けを，その背景も含めて理解し，④自分なりの結論，理由付けを検討することです。この際，判例，特に民法学では，最高裁判例があれば，それをあわせて検討，理解することが重要です（その理由については，第2章2参照）。

1.2 民法の内容

　民法が定める内容は，日常的に人が生きていく上でのほとんどの行動にかかわっているといっても過言ではありません。極端なことをいえば，人は，民法にかかわらずに1日たりとも生活することができません。民法は，そのくらい密接に日常生活に関係しています。

　買い物に行けば物を買います。すると「売買」という契約を締結することになります。買主は購入した物の「所有権」を得たことになります。外出中に事故にあえば「不法行為」に基づく損害賠償請求が問題となります。外出しなくても，電気，水道は使用します。これも「契約」に基づいて購入しています。アパートに住めるのは「賃貸借」という「契約」を締結しているからです。どのような関係にある者が「夫婦」であり，あるいは「親子」であるかは，民法が規定しています。また，ある人が亡くなったとき，誰がどの

ように財産を引き継ぐかは，民法の定めによります。

　加えて，民法を修正したり補充したりするために，別の法律が作られていることが多く，民法以外の法律が関係することもあります（第2章1参照）。そのような法律が関係しているときには，その法律の内容も十分に理解していなければ，適用される具体的な法について正しい理解をしているとはいえません。それぞれの詳しい内容は，それぞれを個別に解説する書籍等に譲るとして，ここでは，ある事実があるときに，①その事実に民法（＋関連する法律。以下，同様）が関係していることが分かる，②民法の中のどの制度が関係しているかが分かる，③民法何条が関係しているかが分かる，④関係している民法○条には，解釈上，どのような議論があるかが分かる，⑤解釈上，争いがある民法○条について，自己の見解を説得力ある理由付けを付して主張できる，ということを目標として（①から⑤に向かって高度の内容となります）勉強をすすめる必要があることを確認しましょう。

> **Column**　**「請求できるか」は「請求が認められるか」**
>
> 　民法の問題では，しばしば「請求できるか」という形で問われることがあります。日本語の意味としては，「請求することは勝手なので，請求はできる。ただし認められるかどうかは別」と理解するかもしれませんが，法律の世界では，伝統的に「請求が認められるか」という意味で用いています。

2 法律学の勉強法

2.1 大学での具体的勉強内容

2.1.1 覚えるのではなく，理解する

次に，民法を勉強する上で非常に重要な177条に関する事例をもとに，法律学で勉強すべきことを考えてみましょう。177条を参照し，結論を考えてみてください。

> **Case 1-1**
> AはBとの間でBが所有する甲土地を購入する契約を締結した。ところが，AがBから甲の所有権移転登記を受ける前に，Bは，甲をCに売却しCに所有権移転登記をし，Cに甲を引き渡してしまった。AはCに対し，Aが甲の所有者であることを主張できるか？

法律学の勉強の具体的目標は，法規の意味内容を明らかにする手法を身につけることにあります。決して法律の条文の文言を暗記することにあるのではありません。仮に暗記するとしても，民法以外の法律を含め法律の条文の数は膨大です。とても暗記できるものでありません。ただ，条文の文言は教科書等で引用や参照指示がある都度，六法で確認すべきです。重要な条文は，何度も引用され，何度も参照します。また，条文の内容は理解する必要がありますから，お経のように覚えても意味がなく，実際の適用のあり方を含めて考えながら読む必要があります。その結果，条文の内容を考えながら，何度も何度も条文を六法で確認することになり，条文の文言が自然に頭に入ってしまいます。ただ，これは，覚えることを目的としたのではなく，結果として覚えたに過ぎません。逆に，理解を伴わない暗記では，すぐに忘れてしまうでしょう。

また，教科書で紹介される学説，判例もその結論や理由付けの字面だけを暗記したのでは意味がありません。なぜ，そのような主張がなされるのか，

なぜ見解が分かれているのか、その見解は、どのような具体例を念頭に置いているのか、理由付けに説得力があるか、など考えながら読み、内容を理解する必要があります。いずれも暗記の対象ではありません。

結局、理解するとは、ある事実についての法的処理の可能性が必ずしも一通りでないことを前提に望ましい結論を考えることにより、法的問題の本質を把握することにあります。考え方の筋道には、いろいろなものがありますが、ポイントは、①結論（どのような結論が望ましいか）と②理由付け（条文を主たる根拠として、その結論について、どのような根拠が考えられるか）であり、重要なことは、論理的思考に裏付けられたそれらの説得力です。

2.1.2 もちろん必要な知識はたくさんある

(1)法律用語

それでは、何も覚える必要はないかというとそうではありません。覚えるべきことはたくさんあります。たとえば、法律学では、日常用語にはない特殊な用語を用いることがあります。さらに、よりやっかいなことですが、日常用語を通常の意味とは異なる意味で用いることがあります。これらは、法律用語であって、それぞれ覚えるしかありません。文章を読んでみて、用語の意味が分からなければ、積極的に法律用語辞典を調べてみましょう。法律の文章は素人にとっては外国語に近いという人もいるくらいです。

たとえば、「善意」は、国語辞典では「よい心、他人のためを思う心」といった意味が掲げられています。しかし、法律用語としての意味は「ある事情を知らないこと」（あるいは、場合によっては「ある事情があると積極的に信頼したこと」（たとえば192条））です。他方、「悪意」は、国語辞典では「わるい心、わるぎ」とされていますが、法律用語としての意味は通常「ある事情を知っていること」（加えて場合によっては倫理的非難を伴うとされるものもあります（たとえば770条1項2号））であり、いずれも悪人か善人かは全く関係ありません。

(2)判　例

ある事実を前提とした場合に、それに関連した判例、特に最高裁判例があ

るということを知っておく必要があります。最高裁の役割の1つに判例統一があります。わが国の裁判制度は三審制を採用しており，最終的には最高裁で何らかの判断をしてもらう道が残されています。そして，わが国である法的紛争が起こり裁判になれば，判例（最高裁判例）によって処理される可能性が高いです。その理由は以下のとおりです。

　下級審の裁判としては，最高裁の判例があれば，その射程にある事件については，法的安定性の観点から，最高裁判例に従った判断が下されるのが望ましいといえます。また，裁判をする裁判官としても，自分の判決が上級の裁判所によって判例違背により「誤り」だとされ，取り消され，破棄されるのは避けたいでしょう（もちろん，判例が「誤り」だと考え，あえて判例と異なる裁判をする場合もあるでしょう）。また，裁判官の労力の点でも「最高裁判例による」として効率的に裁判を行うことが可能です。

　制度上，最高裁は判例と異なる判断をすることが可能です（日本では「先例拘束の原則」は採用されていません）が，判例変更をする場合は大法廷で判断することが求められており（裁判所法10条3号），ハードルが設けられています。

　結局，最高裁にせよ，下級審裁判所にせよ，最高裁判例によって裁判をす

Column　学説の呼び方

　学説は，学界における支持のあり方等により，以下のように呼ばれることがあります。ただし，この区別は，主観的・相対的なものであり，また評価の時期によっても異なり得ることに注意が必要です。たとえば，「従来の通説」と呼ばれる場合，反対説がかなり有力となった結果，現在では「通説」と呼べなくなっていることを示しており，評価に時期の要素が含まれています。

　通　　説：賛成者が非常に多数で，ほとんど異論なく受け入れられている考え方（ただし，全く反対がないというわけではないかもしれない）
　多数説：通説とまではいえず，有力な反対説があるものの，賛成者が多数の考え方
　有力説：数の上からいえば賛成者が多いというわけではないが，結論，あるいは理由付けにおいて魅力があり，有力な主張者がいる考え方
　少数説：数の上から，賛成者が少数の考え方

第1章●民法とは何か

る可能性が高いといえます。その結果，判例，特に最高裁判例の結論およびその理由付けを知っていることは，これからなされる裁判の予測に非常に重要です。判例は，「実際に適用される法」といえます。

(3)主な学説

法的問題について多様な考え方が主張されることがあります。教科書・体系書でも，通説，多数説，有力説といった呼び方で，いくつかの見解が紹介されることがあります。これらは，その法的問題を検討する上で有力な前提知識となります。もちろん，見解が分かれているということは，唯一絶対の結論，理由付けが存在しないことを示しています。そこで，見解が分かれる理由がどこにあるのかを十分に認識しながらこれらを比較検討すれば，説得力ある自己の見解を形成する基礎となります。

2.2 論文式試験への勉強

大学等の授業の期末試験や就職試験においては，法律科目で論文式の試験が実施されることがあります。そうすると，ひとまず「試験に合格する」という意味では，試験の際に何を書けるように勉強すればよいのかを意識しながら，日常の勉強をする必要があることになります。ここでは，事例式問題（「Aが○○し，Bが○○した。AはBに対し○○を請求できるか」という形式の問題）を題材に，例を示しましょう。

2.2.1 事例式の論文式試験で解答用紙に記述すべきこと

(1)問題提起―法的問題点の指摘―

事例式の問題では，まず示された事実を法的に分析する必要があります。示された事実には必ず法的問題点が含まれています。法的問題点を発見するためには，事前に「何が法的問題点になり得るのか」について十分な知識を有している必要があります。その指摘にあたり，法的問題点は事実との関係で生じますので，どの事実が法的問題点に関係するのかを指摘する必要があります。ただし，これは，問題文を長々と「写す」ことを決して意味しませ

ん。当該法的問題点に関係する最低限の事実を簡潔に指摘するだけでよいです。過去によく出題されていたいわゆる一行問題（「〇〇について論じなさい」という形式の問題）では，論ずべき対象があらかじめ問題文に明示されていることになりますが，事例式問題では，論ずべき対象は自分で発見するしかありません。

(2)規範定立

次に，法的問題点について，関連条文，判例・学説を踏まえた規範（ルール）の定立（理由付けを含めた自己の見解の提示）を行います。法的問題ですので，関連条文を踏まえることは当然として，判例・学説を踏まえるのは，ここで解答者が主張している規範が決して独りよがりのものではなく，判例・学説の状況に照らして，説得力あるものであることを示すためです。

①判　例

判例，特に最高裁判例は，それに賛成するとしても反対するとしても，「実際に適用される法」ですから，無視することはできません。必要に応じて，その理由付けも含め，検討しておく必要があります。

②主な学説

法的問題点に関する学説で，ある程度多くの人が賛成している考え方は，当然，説得力があることになりますから，必要に応じて，その理由付けも含め，踏まえる必要があります。

③自己の考え方

判例・主な学説の検討を踏まえ，自己の考え方として，法的問題点についての結論と理由付けを法解釈，条文の適用として明示します。この主張は，あくまで規範として抽象的に主張されることが前提です。この部分が，重要な採点の対象であり，論理的で説得力のある主張であるかがポイントです。判例・通説は，多くの人が主張・支持していますので，自ずと説得力があるといえるでしょう。これに対し，少数説は，逆の意味で，自ずとさらなる根拠を示し，説得力を増すことが必要でしょう。いずれにしても，この際，忘れてならないのは，主張が法的主張であり，条文を主な根拠として主張されていることが必要だということです。このために条文を引用します（「引

用」というのは，条文の文言をすべて抜き書きして「写す」のではなく，条文の番号を示すということです）。法的主張は，感想文ではありません。法的主張をするためには，ある事実が示されたとき，関連する条文としてどのような法律にどのような条文があるのかを知っていなければなりません。このためにも，普段の勉強において教科書，参考書を読むときには，必ず六法をそばに置き，条文が参照される度に，その条文を読み，確認しながら進んでいくことが必要です。

(3)事例への当てはめ

事例式問題では当該事例についての法的解決の提示が求められています。結論を得るために，「規範定立」で検討した規範（抽象的結果）を問題文の事例に具体的に適用することが必要です。これが「当てはめ」です。この際，問題文に記載された事実では，結論を導くための重要な事実が足りないことがあります。この場合は，場合分けをし，○○であれば，××，△△であれば，□□というように解答することになります。

(4)結　論

「事例への当てはめ」により，一定の結論が導かれます。答案は，問題に対する答えを記載するものですから，問題に対応した結論を明示することが必要です。

「問題提起」，「規範の定立」は，問題文に含まれる法的問題点ごとに行うことになります。その結果を事例に当てはめ，最後に設問としての結論を記述することになります。

Case 1-1 は，不動産所有権の対抗問題を扱うもので，177条により処理されます。177条には，たとえば「第三者」の範囲について議論があり，判例は，登記の欠缺（けんけつ）を主張するにつき正当の利益を有する者をいうとしますが，学説には善意でなければならないとするものもあります。また，判例は「背信的悪意者」は「第三者」ではないとします。判例によれば，Cが背信的悪意者でない限り，AはCに対し甲の所有権を対抗できず，所有者であると主張できません。詳しくは，「物権法」で勉強します。第3章3.1も参照してください。

3 民法の体系

3.1 民法の全体像

　個々の民法の規定については，後でそれぞれ扱います。これにより細かな知識や法的問題点の処理の理解は進みますが，「木を見て森を見ず」にならないよう，最初に全体を見ておきましょう。

3.1.1 民法と「編」

　民法には5つの編があります。「第1編 総則」「第2編 物権」「第3編 債権」「第4編 親族」「第5編 相続」です。第1編から第3編までを「財産法」，第4編，第5編をあわせて「家族法」（あるいは「身分法」）と呼ぶことがありますが，法典にそのような名前が付いているわけではなく，慣行としてそのように呼び習わしているだけです。

　総則編は民法の共通原則を定めています。民法全体の共通原則なのか，財産法のみの共通原則なのかについては議論があります。物権編は人が物を支配する関係を定めています。債権編は人が人に対し請求する関係を定めています。親族編は，夫婦とは，親子とはどういう者をいうのかという問題を中心とし，あわせて扶養について定めています。相続編は，人が死亡したときに，その人の財産を誰がどのように引き継ぐのかを定めています。以下では，財産法を中心として体系を見ることにします。

　なお，物権編は人が物を支配する関係を定める，といっても，法的紛争は人と人との関係として生じます。物を相手に訴訟をするということではありません。民法は，常に，何らかの形で人にかかわっています。

3.1.2 民法の規定の定め方

　財産法の2つの柱は，**物権**と**債権**です（図表1－1）。物権は物に対する支配権，債権は人に対する請求権です。これら2本の柱の共通原則として**総**

則が定められているということが可能です（家族法については，前述のように議論があります）。このような法典編纂（へんさん）の方式はドイツで採用される方式で**パンデクテン方式**と呼ばれています。要するに「共通のものを抜き出し，前に総則として規定する」という方式です。この方式は，編だけでなく，章，節等の段階でも同様に採用されています。

パンデクテン方式には，長所と短所があります。長所としては，一般的な規定と特殊な規定が体系的に整理されて規定されるので，全体の体系が分かりやすく，また，共通の原則を繰り返し規定する必要がないので，条文の数を少なく抑えることができる点があげられます。短所としては，特に総則に置かれるような抽象的な規定は内容が分かりにくく，また，現実の法律関係と規定の配列がうまく対応していないので，関連する規定が法典の中に散在することがあげられます。

物権では，人が物を支配する関係におけるルールとして，たとえば，所有権を有するとはどういうことかが規定されます。債権では，人と人の関係におけるルールとして，たとえば，蓄えた財産を他人により奪われたとき，自分や家族に他人から危害を加えられたとき，売買の約束をしたのに相手が約束を守らないときに，その他人（相手）に対してどのようなことを求めることができるのかが規定されます。

| Column | **民事法と刑事法** |

他人の財産を奪う，他人にケガをさせる，騙して約束を守らないという場合には，それを国家が罰することがあります（窃盗，傷害，詐欺）。これらは，犯罪を犯した者と国との関係を規律する刑事法の問題であり，近代法では，個人と個人との関係を規律した民事法とは明確に区別されます。昔，あるミステリー小説で見かけたのですが，民事の損害賠償請求を認める結果を「有罪」としていました。民事に「有罪」はありません。皆さんは，民事と刑事を明確に区別してください。

図表 1 − 1 ▶▶▶ 民法の体系（親族法・相続法を除く）

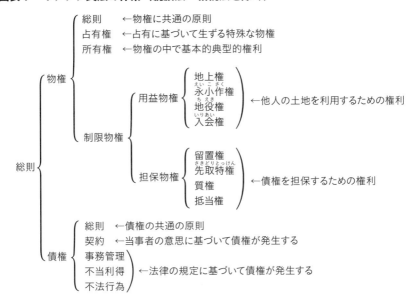

3.2 民法の規定の構造

3.2.1 要件と効果

民法に限らず，多くの法律の条文は**要件**と**効果**を規定することによって成り立っています（典型的な例外は，多くの法律の1条，2条あたりに置かれる目的規定や定義規定です）。法律に定められた要件を満たすと，定められた効果が発生します。したがって，民法を学ぶことの大きな部分は，条文を適用するにあたっての要件は何か，効果は何か，を学ぶことです。

3.2.2 権利と義務

民法の条文を適用した結果としての効果は，**権利・義務**の①発生，②障害，③消滅，④阻止です。たとえば，Aがある物の所有権をBに移転し，これに対しBがその代金を支払うとして，両者の間で売買について定める555

条の要件を満たす契約が締結されれば，AB間に売買契約の効力が生じます。これにより，AはBに対し代金を支払うよう請求する権利を得ます。逆に，BはAに対し代金を支払う義務を負います。これは，①権利の発生（義務の発生）です。以下では，AがBに対して有する代金請求権を例として説明します。また，権利・義務の両面から説明すると煩雑になるので，権利の側面からのみ説明します。

売買契約が締結されたように見えても，それが通謀虚偽表示であった（94条1項）とすれば，ABの意思表示が無効である結果，売買契約の効力が生じません。したがって，Aの権利が発生しないことになります。これは，②権利の発生の障害です。

売買契約が有効に締結され，Bが代金を支払ったとすれば，Bはもはや代金を支払う必要がありません。これは，弁済によって権利が消滅した結果です（473条）。これは，③権利の消滅です。

売主のAが代金を請求するにあたり，目的物を引き渡す準備が全くできておらず，買主のBが代金を支払っても目的物が引き渡される見込みが全くないとします。売買契約では，代金の支払いと財産権の移転（形式的には，所有権の移転ですが，所有権の移転は観念的になされますので，この場合に具体的に問題となるのは目的物の引渡しや，登記・登録の移転です）は対価的な関係にありますので，引換えになされると，売主，買主にとって公平です。この趣旨で，相手方の債務と対価的な関係にある債務を負う者は，相手方が直ちに履行できるような状態（条文では，これを「履行を提供する」といいます）にならない限り，自己の債務の履行を拒むことができるという同時履行の抗弁権（533条本文）が認められます。これは，代金の支払いを一次的に止めることができるということで，④権利行使の阻止です。

①発生，②障害，③消滅，④阻止とか，同時履行の抗弁権とか，よく分からないと思っても，ここではそれでよいです。ひととおり勉強してから，再度，見直してください。

4 民法の沿革と学問

4.1 日本民法の沿革

4.1.1 不平等条約の改正

　江戸時代末期，ペリー来航に始まる諸外国の開国要求に屈する形で，安政5年（1858年），江戸幕府は列強諸国と不平等条約を締結しました。不平等の内容は多岐にわたりますが，特に日本にとって問題であったのは，関税自主権の欠如，片務的最恵国待遇と並んで，領事裁判権を認めたことでした。通常，ある国で犯罪が行われた場合，その国の法律によって裁かれます。しかし，領事裁判権を認めると，外国人は，その帰属する国の法律によって裁かれます。国際社会で自立した近代国家になるためには，不平等条約の改正はどうしても必要なことでした。

　明治維新を経て政権を担当することになった明治政府に対し，不平等条約改正交渉の中で列強諸国が強く主張したことは，日本が近代的な法治国家となることでした。法治国家であることの前提には，憲法，民法をはじめとする基本法典と裁判制度が整備されていることが必要です。当時の日本には，基本法典がなく，裁判制度が整備されているとはいえませんでした。そこで，法典の早期制定が急務となりました。また，国内事情としても，全国の統一的な判断基準となる法典の整備は切実な問題でした。民法については，当初は，フランス民法をそのまま翻訳して法律にしようとしたこともありました。しかし，結局，うまくいかず，わが国の民法を独自に起草することになりました。

4.1.2 ボアソナード草案と民法典論争

　わが国独自の民法を起草するにあたり，明治政府はパリ大学教授ボアソナードを招き起草を依頼しました（ただし，家族法の部分は日本人委員が起

草しました)。そして，明治23年（1890年），ボアソナードが起草した民法草案が公布され，いったんは明治26年（1893年）から施行されることとなりました。これを**旧民法**といいます。しかし，旧民法はフランス民法の影響を強く受けており，公布前後から「民法出デテ忠孝亡フ」というスローガンに代表されるように，旧民法が当時の日本の家(いえ)制度と習俗慣習に合わないという理由から旧民法の施行を延期すべきだという主張がなされ，予定通り施行を断行すべきだという主張と衝突し，大論争となりました。これを民法典論争といいます。結局，明治25年（1892年），旧民法の施行を延期を求める法案が議会で可決され，旧民法の施行は延期されました。

4.1.3 日本人3名の起草委員による新しい民法の起草

明治政府は，形式的には旧民法の改正案という形で新たに民法を起草することとし，明治26年（1893年），法典調査会を発足させました。起草委員となったのは，穂積陳重(ほづみのぶしげ)，富井政章(とみいまさあきら)，梅謙次郎(うめけんじろう)の3名でした。起草は，フランス民法の影響を受けた旧民法を基礎としつつも，再び民法典論争が起きることを避けるため，わが国の従来の慣行に配慮し，またドイツ民法典草案に多くの示唆を受けつつその他の諸外国の立法も参考にしてなされました。

4.1.4 明治民法

起草された法典案は，法典調査会で審理され，家族法の部分とあわせて明治31年（1898年）から施行されました。旧民法と区別する必要がある場合，これを通常，**明治民法**といいます。この民法の財産法部分は外国からの法典継受(けいじゅ)，学説継受から形成された側面が非常に強いです。明治維新により封建制が崩れ，近代国家が成立する過程で，封建的な制約から解放された個々の人々の自由な経済活動を制度的に保障する必要があり，外国の立法に学ぶ意義は非常に大きかったといえます。明治民法は広い意味での自由主義に立脚していました。

明治民法の家族法の部分は，それまでのわが国の習俗慣行に配慮したものでしたが，太平洋戦争後，家制度や男尊女卑の思想が日本国憲法の思想に合

わないため全面改正されました。また，平成初期（1990年代）には主に婚姻法にかかわる改正議論が進んだものの，結局，改正はなされませんでした。他方，財産法の部分は，根抵当の条文の追加や制限行為能力者制度の改正，現代語化，担保法の改正などいくつかの大きな改正がありましたが，基本的な内容は約120年間，ほぼ立法当時のままでした。

4.1.5 民法（債権関係）改正

財産法の部分の基本的部分にかかわる大きな改正の議論が施行100年を迎える頃から急速に高まりました。従来の民法は，当たり前のことについて規定を置かず，また判例により内容が補われているため，条文に書かれないルールが非常に多く，条文を読んだだけではルールの内容が分かりにくくなっていました。これらに対応し，従来の判例理論を条文に取り入れて分かりやすい民法に改正するとともに，近時の理論的研究成果を取り入れることを目的に改正作業が進められました。この改正は，平成29年（2017年）に国会で成立し，一部の規定を除いて平成32年（2020年）4月1日から施行されます。以下，この改正を「**民法（債権関係）改正**」といいます。

> **Column　法改正の際の経過措置**
>
> 法改正があると，経過措置が附則において定められるのが通常です。民法（債権関係）改正においては，総則編では意思表示と時効の部分に大きな改正がありました（その他も，本文に示しているようにいくつか改正がありました）。改正法の施行前後になされた法律行為等についての旧法と改正法の適用関係は改正法の附則で確認してください。

4.2 法律学

4.2.1 立法学と法解釈学

明治期の法律は外国の法典継受，学説継受によって立法されました。その際には，外国の法学も同様に継受されており，そもそも法律学は「外国製」である側面が非常に強い学問です。

1.1でも触れましたが，法律に関する学問は大きく立法学（立法論）と法解釈学（法解釈論）に区別できます。立法学はどのような法律を作るのが望ましいかについての学問です。これに対し，法解釈学は立法された法律について，どのような内容・結論のものであると考えるのが望ましいかについての学問です。いずれも，法律に関する学問として重要ですが，従来は，望ましい内容・結論について，まず条文の解釈論として検討し，その結果，明らかに解釈論では望ましい内容・結論を導けないときに立法論を行うという順序がありました。これにより，法律学の中心は法解釈論となりました。

4.2.2 法解釈論

法解釈論は法律の条文の解釈を行います。法解釈については極端な理解があり得ます。1つは法の解釈はすべきでないというものであり，これによれば，条文は文字通り機械的に適用すべきことになります。もう1つは，結論が直感的に先にあり，法律の条文による理由付けは後から付けた理屈に過ぎないというものであり，これによれば，条文に解釈で文言を実質的に追加し，あるいは一部の文言を無視することになります。しかし，いずれも極端な考え方であり，条文には，形式的に文言を読むことに加え，ほとんどのものについて解釈が必要です。

法解釈をする際には，いくつかの基本となる要素が考えられます。第1に，法的根拠を持った一貫性あるものでなければなりません。結論の妥当性を重視するあまり，一貫性を欠く理由付けをしていたのでは，優れた解釈とはいえません。ときに学生の答案で感想文のような「解釈（答案）」に出会いま

すが，感想文は法律論ではありません。すでに蓄積されている確立した法原理との整合性をとるためにも，広範な法的知識が必要です。

　第2に，その一方で，やはり結論には妥当性がなければなりません。法を形式的に適用するあまり，非常識な結論となってはいけません。結論は，正義・衡平の観点からの広い支持が得られるものでなければならず，常識・バランス感覚にかなったものである必要があります。妥当性を確保するためには，柔軟な思考力と広い視野が必要です。

> Working　　　　　　　　　　　　　　　　　　　　調べてみよう

1. 本文でも説明しましたが，法律用語辞典で，「善意」「悪意」という用語を確認してみましょう。
   その他，「時」と「とき」，「及び」と「並びに」，「又は」と「若しくは」，「その他」と「その他の」など，日常的にはどちらでもよいような用語も，きちんと使い分けられています。どのように使い分けられているかを調べてみてください。
2. 民法典の中の「売買」に関連して問題となる（あるいは，なりそうな）規定をあげてみましょう。売買に直接関係するものとして第3編「債権」第2章「契約」第3節「売買」555条から585条ですが，売買が契約であること，売買が債権を生じさせること，売買がたとえば所有権のような物権の移転を内容とする契約であること，民法の共通原則が問題となりそうなことなどをもとに考えてみてください。

第2章 法律学入門

Learning Points

▶法律学を学ぶとはどういうことでしょうか。まずは，法が何から形成されているかを見てみましょう。

▶民法を学ぶ際の対象は何でしょうか。わが国には「民法」という名前の法律がありますので，まずそれが対象となることは間違いありません。ただ，民法はさまざまなものによって補われていますので，それらを対象に含める必要があります。民法を補うものは，法律だけではありません。

▶ルールは抽象的ですので，その内容を具体化する必要があります。その具体化は「解釈」という作業によって行われます。本章では「法解釈」の仕方を学びます。

Key Words

私法　一般法　特別法　法源　制定法　慣習（法）　事実たる慣習　判例（法）

1　民法と特別法

民法を学ぶといっても，「民法」という名前の法律だけを見ていては不十分です。ここでは，民法を中心とする私法を題材として，法律学，特に法解釈学とは何かを見てみましょう。

> **Case 2-1**　Aは甲土地を所有するBとの間で建物を建てる目的で甲を賃借する契約を締結した。契約の期間は3年間と定められている。Aは甲に建物を建築した。3年後，BはAに対し乙を壊して甲を明け渡すよう請求した。AはBの請求を拒絶できるか？

033

1.1 私法の一般法

1.1.1 私法と公法

「民法は私法の一般法である」といわれます。従来，一般に**私法**・**公法**の二分論が主張されましたが，社会法（労働法や社会保障法など）の登場など二分論になじまないという疑問も主張されています。ただ，民法のあり方の説明の仕方として私法概念が有用ですので，ここでは，私法と公法という概念を用います。

私法と公法の相違の説明の仕方はいろいろあります。あるものは，個人と個人との関係を規律するものが私法で，国家と国民との関係を規律するものが公法であると説明します。この説明は法の規律する生活関係を標準として両者を区別します。またあるものは，公法では上下の秩序が基礎にあり，私法では自由・平等が基礎にあると説明します。この説明は法の指導原理を標準として両者を区別します。

民法は，個人と個人の関係を規律するもので，また自由・平等を基礎にするものですから，いずれにしても民法が私法に属することは間違いありません。

1.1.2 一般法と特別法

ある事項全般について一般に適用される法律を**一般法**といいます。これに

Column　一般法と特別法の相対性

商法は民法の特別法です。ただ，ここで注意して欲しいのは，一般法，特別法という性質がその法律に常に当てはまるのではなく，相対的なものであることです。商法と国際海上物品運送法の関係は，商事取引全般について一般に適用されるのが商法で，国際海上運送に限って適用されるのが国際海上物品運送法ですから，商法が一般法で，国際海上物品運送法が特別法となります。

対し，特別の事項に限定して適用される法律を**特別法**といいます。特別法が制定される趣旨によれば，一般法と特別法のルールが異なる場合は，特別法が一般法に優先して適用されることになります。

民法は，私法関係全般について一般的に適用されますので，一般法です。これに対し，たとえば，商人の取引については商法が，雇用関係については労働基準法や労働契約法が，不動産賃貸借については借地借家法(しゃくちしゃっか)が，消費者がかかわる契約については消費者契約法が特に立法されています。これらは，特別の事項に限定して民法と異なるルールを設けるために制定されていることになります。

1.2 特別法の必要性

1.2.1 一般法の限界

民法，特に財産法は自由主義的な基本思想を基礎としています。民法の前提は，法主体となる各個人の知識，能力，地位，……などはすべて等しいということです。したがって，雇用者と労働者，賃貸人と賃借人，事業者と消費者の知識等の相違はほとんど考えていません。民法は形式的平等を重視しているといえますが，実際の問題解決には実質的平等が必要な場合があります。実質的平等を実現するために特別法が必要だという場合があります。

1.2.2 時代の変化による要請

時代の要請は，刻々として移り変わります。確かに立法の際にはさまざまな問題を想定しながら規定を置きます。しかし，法律が予定していない事態は必然的に生じますので，時代に合わせて必要な規定を追加し，または修正する必要があります。一般の事項にかかわる規定が時代に合わなくなったのであれば，その規定を改正すればよいともいえます。しかし，特別の事項にかかわる場合に問題が生ずるのであって，一般的には問題がないということも考えられます。このような場合，その特別の事項にかかわる規定を特別法

として立法します。民法についていえば，労働法（労働基準法，労働契約法等），担保法（工場抵当法，自動車抵当法，仮登記担保契約に関する法律等），不法行為法（国家賠償法，自動車損害賠償保障法，原子力損害賠償法，大気汚染防止法，水質汚濁防止法，製造物責任法等），消費者法（消費者契約法，特定商取引に関する法律，割賦販売法等）等があげられます。

1.2.3 民法の規定による法律存在の予定

法律が別の法律の存在を予定しているという理由から法律が立法されることがあります。これも「特別法」と呼ぶことがありますが，上で述べたような，一般法の内容を修正する特別法とは性質が異なります。それと区別し，性質からあえて名付ければ，「補充法」といえるかもしれません（ただし，この呼び方は一般的ではありません）。たとえば，177条は不動産登記法という法律があることを，また739条は戸籍法という法律があることを，さらには240条は遺失物法という法律があることを前提としています。

このような法律の条文を民法に置くことも考えられますが，民法の条文数が膨大になり，また複雑になって分かりにくくなるので，別の法律とすることには合理性があります。

1.2.4 特別法の重要性

特別法は，特別の事項について特に一般法と異なる扱いをしようとして立法されるのですから，一般法に優先します。したがって，特別法があれば，まず特別法が優先して適用されます。特別法の存在する分野では民法だけを知っていても意味がありません。特別法もあわせて勉強する必要があります。

Case 2-1 では，まず，仮に特別法がなければどうなるかを考えてみましょう。物の有料の貸し借りは，賃貸借という契約です。604条1項前段によれば，賃貸借の存続期間は50年を超えることができません（長期の規制）が，短期の規制はありません。そこで，一般法である民法によれば，賃貸借について50年以下の期間が定められた場合は，賃貸借はその定められた期間，存続するということになります。しかし，建物を建てることを目的

として土地の賃貸借がなされた場合，3年間で賃貸借を終了させ，建築した建物を取り壊し，土地を明け渡すというのは，合理的ではありません。そこで，借地借家法は，建物の所有を目的とする地上権および土地の賃貸借について（借地借家法1条参照），存続期間を原則30年とし，契約でそれより長い期間を定めたときは，その期間とする（借地借家法3条）として，短期の規制を置き，最低30年は存続することにしました。この規定に反する特約で，借地権者に不利なものは無効です（借地借家法9条）。Aは，借地期間は30年であるとして，Bからの明渡請求を拒むことができます。

2　法　源

2.1　法源の意義

ここまで民法に関連する法律をみてきましたが，裁判でよりどころとされるルールは法律に限られません。どのようなものがあるか，以下の事例で考えてみましょう。

Case 2-2
甲地区では，住環境を保つため，建物を建てる場合，土地の境界から1メートル以上離して建てる慣行があり，その地区の住人は全員それが当たり前だと考えており，実際，甲地区の全建物がそれに従って建てられていた。新たに甲地区の乙土地を購入したAが土地の境界から50センチメートルの距離のところに建物を建てようとしたので，境界を接するBは，Aに対し，境界から1メートル以上離して建物を建てるよう請求した。Aは，これに従わなければならないか？

法源は裁判における判断の基準となるものです。まずは，制定法（法律）が思い浮かびます。ただ，法律を制定する際，いくらあらゆる事項を想定して規定を作成しても，規定に形式的には当てはまらないことが現実には起きます。このような場合には，直接適用すべき法律がないことになります。刑

事裁判では，そもそも法律がなければ罪になりません（罪刑法定主義）。これに対し，民事裁判では，直接適用できる法律がないとして裁判をしないわけにはいきません。このような場合に，直接適用できる法律がないことの不備を補うものが必要となります。従来，法源となり得るかという問題の対象となっているのは，慣習，判例，条理です。

2.2 法源の種類

2.2.1 制定法

制定法が法源であることは当然です。制定法は法源とするために立法されます。

2.2.2 慣習・慣習法

社会の中では，不断に慣習が生まれています。**慣習**とは，一定の社会で当然とされている社会規範（ルール）です。以下のように，慣習（法）は，法源となり得ます。

法典の編纂は，社会の法的規範の源泉を国家に独占させることを前提として，旧来の秩序を否定することを重要な課題とします。特に，民法の編纂は，江戸時代の多くの慣習法を否定することに目的があったといっても過言ではありません。このように，一般に，法典は慣習法に敵対的です。しかし，制定法は，一定の範囲で慣習法に制定法を補充する効力を与え，さらに，場合によっては法典と対等，あるいはそれ以上の効力を認めようとしています。たとえば，物権法定主義（175条）が採用される物権においても，入会権（263条，294条），相隣関係（228条，236条）では，全国にあまりに多種多様な慣習があるため，全国一律の規定を諦め，地域の慣習に補充的な効力が与えられています。さらに，商慣習には，民法に優先する効力が与えられています（商法1条2項）。

制定法において，慣習に関し以下の2つの規定が重要な定めを置いていま

す。1つは「法の適用に関する通則法」3条です。この規定は「公の秩序又は善良の風俗に反しない慣習は、法令の規定により認められたもの又は法令に規定されていない事項に関するものに限り、法律と同一の効力を有する」と規定します。慣習に法律と同一の効力を与えようとするものですが、いくら古くから行われてきたといっても、現在の法秩序がその効力を認めないものもあります。そこで、公の秩序または善良の風俗（一般に、略して「公序良俗」といいます）に反するもの、たとえば一夫多妻、妾（めかけ）や法令で禁止されている事項、たとえば賄賂・談合については、たとえ慣習があっても法的効力はありません。

慣習に関する重要なもう1つの規定として、92条があります。この規定は「法令中の公の秩序に関しない規定と異なる慣習がある場合において、法律行為の当事者がその慣習による意思を有しているものと認められるときは、その慣習に従う」と規定します。従来、この規定は「事実たる慣習」に関する規定であるとし、法の適用に関する通則法3条は「慣習法」に関する規定であるとして、両規定の関係を議論してきました。

法の適用に関する通則法3条と92条における慣習と強行規定・任意規定との関係は、条文上の形式的関係としては**図表2-1**のようにまとめられます。

この結果、任意規定との関係で両規定が矛盾するのではないか、という問題が生じます。従来の多数説は、「慣習法」と「事実たる慣習」を別物と考えることにより、この問題を解決しました。法の適用に関する通則法3条は、

Column　強行規定と任意規定

法規定は「公の秩序に関する規定」と「公の秩序に関しない規定」に二分することが可能です。公の秩序に関する規定は「強行規定」と呼ばれ、公の秩序に関しない規定は「任意規定」と呼ばれます。任意規定については、当事者の意思によって法規定とは異なる効果を生じさせることが可能ですが、強行規定については、当事者の意思によって法規定と異なる効果を生じさせることができません。強行規定に反する当事者の意思表示は無効です。

図表 2−1 ▶▶▶法の適用に関する通則法 3 条と民法 92 条の関係

```
法の適用に関する通則法 3 条： 強行規定　＞　任意規定　＞　慣習法
民法 92 条　　　　　　　　　： 強行規定　＞　事実たる慣習　＞　任意規定
```

慣習法，すなわち人々の法的確信にまで達した慣習に関する規定であり，92条は，事実たる慣習，すなわち法的確信にまで達していなくとも，ある狭い範囲で事実上行われる慣習についての規定であるから，法の適用に関する通則法 3 条と 92 条の慣習は内容を異にし，したがって両者は矛盾しないと説明したわけです。

しかし，慣習法は，慣習が法的確信にまで達したものですから，事実たる慣習が慣習法よりも効力が強いのはおかしいのではないかという批判がなされました。反対説は，法的確信の有無は問題とせず，法の適用に関する通則法 3 条も 92 条も同一内容のものを対象として規定するとした上で，法の適用に関する通則法 3 条は一般原則を定め，92 条は法律行為についての特則を定めると説明します。これによれば，いずれも慣習について定めることを前提に，法の適用に関する通則法 3 条との関係で 92 条は法律行為についての特別法であることになります。またさらに，法の適用に関する通則法 3 条は強行規定，任意規定の有無を問題としているとし，92 条は当事者の意思を問題としているとして，両者は異なると説明するものもあります。

Case 2-2 では，234 条 1 項が建物を築造する際には境界線から 50 センチメートル以上の距離を保たなければならないと規定し，234 条 2 項本文が，これに違反する者があるときは，隣地の所有者はその建築を中止させまたは変更させることができると規定していますが，236 条が，234 条と異なる慣習があるときはその慣習に従うとしていることにより慣習が優先することになります。甲地区に境界から 1 メートル以上離して建築するという慣習があれば，それに従うことになります。

2.2.3　判例・判例法

裁判所の判決は，それによって 1 つの法的紛争を解決するものです。その

限りでは一般的な効力を持つものではありません。しかし，判決に含まれている法理論は法的安定性の観点から他の類似の事件についても基準となる傾向があります。これにより判決による一般的な法規範が成立していき，さらに最高裁によって類似の判決が繰り返されると，その傾向はますます顕著となります。この段階になると，**判例**または**判例法**と呼ばれるようになり，事実上，一般的効力を持つのと同じ状況になります。

このようにして形成された法規範に従わなければならないとするのが，英米法にみられる先例拘束主義です。わが国では，明確に先例拘束主義が定められてはいませんが，判例には事実上の拘束力があります。事実上の拘束力は，①同種の事件において裁判所によって別の扱いがなされるのは，それを是認する根拠がない限り，好ましくない（**法の適用における公平**），②ある裁判がなされると，同種の事件においては同じような裁判がなされるであろうという期待が生まれ，逆に，先例と異なる裁判がなされると，先例を信頼して行動してきた人に不意打ちとなる（**法的安定性**），③先例のある事件について裁判所の処理を効率化する（**法的処理の効率性**）という点から正当化が可能です。

先にみたように，判例の変更は絶対に許されないということではありませんが，判例（法）は，法規のない場合だけでなく，法規の意味の解釈について法規を補充する意味を持ち，この意味において法源といえます。

2.2.4 条　理

条理とは，一般社会人が通常従わなければならないとされている原理のことです。法源として条理があげられるのは，明治8年の裁判事務心得（太政官布告103号）3条に「民事の裁判に成文の法律なきものは習慣に依り習慣なきものは条理を推考して裁判すべし」（ひらがなに直しました）との定めがあることによります。条理が「法源」かということについては，議論がありますが，紛争を解決するにあたり他に法源がない場合には，条理を裁判の基準とすることについて否定する理由はないでしょう。

3 法の解釈とその方法

3.1 解釈の方向付けの基本的考え方

> **Case 2-3**
> A公園には,「ボール遊びを禁止する」というルールがある。以下の行為は禁止されているか?
> ①キャッチボール:硬球,軟球,ゴムボール,スポンジボールによる
> ②バドミントン:シャトルによる
> ③ビー玉遊び

現実に生ずる法的紛争は,法規を適用すれば機械的に解決できるというようなものではありません。これには,いくつかの理由が考えられます。たとえば,①直接適用可能な法規がない(法の欠缺),②適用できそうな法規がいくつかあって,いずれを適用すべきか明確でない,③判例が分かれているように見える,あるいは判例の内容が明確でない,といったものが考えられます。このような場合には,広い意味での法の解釈が問題となります(狭義の法解釈では,①が除かれます)。

ある法文や文言についていかなる解釈を採用するかにより,結論が正反対となることもあります。条文の解釈が必要なときには,どのような解釈を採るべきかについての方向付けが必要です。ここで問題となるのは,個々の法文や文言の解釈ではなく,解釈をする上での方向付けです。以下,文理解釈,体系的解釈,目的的解釈を紹介しますが,これらは相互に排他的ではありません。

3.1.1 文理解釈

法文の文理に従って解釈する方法を**文理解釈**といいます。日本語として,普通の読み方で文章を読むことになります。たとえば,4条は「年齢20歳をもって,成年とする」と規定します。年齢は「年齢計算ニ関スル法律」に

従い，出生の日より起算し，期間の計算については143条が準用されます。これにより計算した年齢がたとえば19歳であれば成年ではありません。文章の解釈である以上，まず文理解釈が基本となります。

3.1.2 体系的解釈

体系的解釈とは，法体系が1つの体系をなしていることから，ある条文を解釈するときは，他の条文と調和がとれるよう解釈しなければならないとする法解釈の方向付けの1つの基本的考え方です。

たとえば，即時取得（192条）は，動産取引の際，売主に処分権限がない場合に問題となります。他方，法定代理人の同意を得ない未成年者の法律行為は，取り消すことができます（5条）。即時取得では「取引行為」によって占有を取得することが要件です。売主である未成年者の法律行為が取り消されれば，その法律行為は遡って無効となり（121条），「取引行為」がなかったことになるので，買主に即時取得が適用されないとの結論が導けます。この結論は，未成年者が法律行為を取り消した場合にも即時取得を適用するのでは，未成年者取消しの制度が無意味になるとの価値判断からも導くことが可能です。このように制度間（この場合は，即時取得と未成年者取消し）の調和がとれるように解釈するのが体系的解釈です。

3.1.3 目的的解釈

目的的解釈とは，法規の目的に従った解釈をしなければならないとする法解釈の方向付けの1つの基本的考え方です。法規を解釈する際に解釈の結果を考慮すべきかという問題があります。普通は，形式的にみれば，法の適用の結果は考慮せずに法が機械的に適用されているように見えます。しかし，実際には，適用した結果が妥当であるかを重視しながら法を適用します。ここでは，「解釈」という操作によって，場合によっては法規の意味するところと正反対の結論を出すことさえ行われます。

このような「解釈」という操作は，一概に否定すべきではありません。法の改正は容易でないので，実際上は，裁判所が解釈によって妥当な結論を導

くことは不可避です。特に民事紛争では，柔軟な解釈が要請されています。

それでは，「法の目的」とは何でしょうか。法の目的を定めるのは何かという点から，大きく分けて2つの考え方があります。①立法者意思説と②法律意思説（客観的解釈説）（通説）です。①は立法者が立法の際に考慮した目的が法の目的だとします。この考え方は，立法後の状況変化に対応できません。②は法の目的を客観的に定めようとしますが，法律意思をいかに見出すかが問題です。結局は，立法者が念頭に置いていた立法趣旨のほか，解釈をする者が解釈時点の社会を分析し，関係する当事者の置かれている利益状況を比較衡量し，確定するしかないといえます。

3.2 個別の条文の解釈方法

法解釈の方向付けに従い，法文や文言を解釈して一定の結論を導くために，法文や文言を具体的にどのように「読む」のか，「読む」際にどのような操作を加えるのかがここでの問題です。

3.2.1 反対解釈と類推解釈

法文に明確に規定がない場合に，法文には規定がない事実について文言から排除し，法規の適用がないと扱い，規定の定めた効果の反対の効果を導くことを**反対解釈**といいます。逆に，法文に明確に規定がないが，立法趣旨の本質において共通の基礎があるとして特に類似の事実について文言に取り込み，法規の適用があり，規定の定めたのと同じ効果があると扱うことを**類推解釈**といいます。

たとえば，96条は全体として詐欺，強迫の規定として理解できます。1項は詐欺，強迫について規定しており，2項，3項は，詐欺についてのみ規定しています。この場合に，2項，3項については強迫には適用されず，規定された効果は強迫には認められないと解釈するのが反対解釈です。

他方，94条2項は通謀虚偽表示の場合の第三者保護規定です。しかし，厳密に通謀虚偽表示とはいえなくても，この規定が置かれた立法趣旨に鑑み

本質において共通の基礎があるものについては、同様に第三者を保護するとされてよいと考えられます。この場合に、94条2項を類推適用して第三者を保護すると解釈するのが類推解釈です（具体例は、第8章3参照）。

3.2.2 拡大解釈と縮小解釈

法文の文言が本来予定しているより広い意味を与える解釈を**拡大解釈**といいます。必ずしも立法者が意図しない言葉の意味を付与する点で類推解釈と異なります。逆に、法文の文言が本来予定しているより狭い意味を与える解釈を**縮小解釈**といいます。

たとえば、717条の「瑕疵」という文言は、本来は、物の欠陥を意味すると考えられますが、判例は、踏切に警報機・遮断機のような保安設備がないのも踏切の設置の「瑕疵」だとしました。踏切自体には欠陥がないのだから、本来の意味を越えて意味を拡大したといえます。この場合、717条の「瑕疵」という文言を拡大解釈したことになります。

他方、177条「第三者」という文言は、本来は、当事者およびその承継人以外のすべての者を意味すると考えられますが、判例は「登記の欠缺を主張する正当の利益を有する者」に限定します。「第三者」の意味を限定したわけです。この場合、177条の「第三者」という文言を縮小解釈したことになります。

Case 2-3 では、A公園において「ボール」「遊び」が禁止される趣旨を考えると、A公園の利用者の安全を確保するという目的が想定できます。これに従って考えれば、公園利用者にとって危険か否かが禁止されるか否かの基準となります。①では、硬球、軟球は禁止されるが、スポンジボールは禁止されず、ゴムボールは、公園の状況により、いずれもあり得るといえましょうか。②では、シャトルを打つのであってボールを打つのではないですが、ラケットを振ること自体が危険行為になり得るので禁止されると考えられましょう。③では、そもそもビー玉がここでいう「ボール」かが問題ですが、地面ではじいて遊ぶ程度であれば問題ないといえましょう。ただ、ビー玉でキャッチボール？　をするとすれば非常に危険であり、当然、禁止され

るといえます。

Working
調べてみよう

　商法が民法の特別法として制定されている理由を考えてみましょう。商取引では，当事者は利益をあげるために取引をしています。商取引で重要なことは何かを考えてみましょう。

第3章 債権法・物権法の基礎

Learning Points

▶民法の財産関係に関する規定の大きな柱は，債権と物権です。債権は人に対する請求権，物権は物に対する支配権です。本章では，債権と物権の意義およびその基本構造を学びます。

▶債権を生じさせる重要なものは契約です。契約はどのように成立するのかを学びます。

▶所有権をはじめとする物権はどのように移転するのでしょうか。これを物権変動の問題として学びます。

Key Words

債権　契約　契約の成立　物権　物権変動　対抗要件

1 債権法の基礎

1.1 民法が定める債権の発生原因

民法は，債権編に，債権発生原因として4種類のものを規定しています。契約，事務管理，不当利得，不法行為です。契約は，当事者の意思に基づいて債権が発生するのに対し，事務管理，不当利得，不法行為では，当事者の意思に基づかずに債権が発生します。ここでは，契約について取り上げます。

Column　債権と債務

債権と債務という用語は，裏腹の関係にあります。権利者から見ると債権で，義務者から見ると債務です。債権を有するということは，相手方が債務を負担するということで，債務を負担するということは，相手方が債権を有するということです。

1.2　契約の成立

1.2.1　契約と合意

(1) 契　約

> **Case 3-1**　Aは，Bとの間で以下のような約束をした。AとBは「契約」を締結したか？
> ① AとBが翌日2人で遊園地に行くというデートの約束
> ② Aは，Bが幹事を務めるサークルのコンパに参加するが，キャンセルするなら前日までにBに連絡し，キャンセルなく欠席したらAは参加費を支払うとの約束
> ③ Aは，Bに対しAが所有するパソコンを10万円で売るという約束

　日常生活では，人はさまざまな約束をします。これらの約束は「契約」と「単なる約束」に区別が可能です。単なる約束は道徳的に守れといえますが，効果はそれだけであり，契約は法律上も守れといえます。どちらに該当するかは，約束がなされた趣旨によることになります。

　法律上，守れといえるということは，約束した者を法律上，拘束するということです。その具体的な内容は，約束を破られた者は，約束を破った者に対し，裁判所に訴え出て判決をもらい，約束の内容を国家に強制してもらうことができる（あるいは，それに代わる損害賠償を得ることができる）ことを意味します。仮にこのようなことが認められないとすれば，約束を守らないのは不道徳だという非難はできますが，約束を前提に行動することができないので，道徳の力だけでは取引社会を維持していくことが難しいといえます。そこで，道徳上の義務を超えた法的義務を伴う契約という制度が生まれました。

　なぜ契約に法的拘束力があるのでしょうか。確かに，契約は道徳と無関係なわけではなく，契約の拘束力の基本は，約束は守るべきだという道徳にあります。道徳は良心を基本としています。加えて，伝統的に人は自らの意思に基づいてのみ拘束されるという思想があります。私的自治の原則（ドイ

ツ）あるいは意思自治の原則（フランス）と呼ばれる原則の基礎となった思想です。

Case 3-1 では、①は、通常、AB間に裁判所へ訴えてでも強制し、または損害賠償を得ようとする意思はなく、契約とはいえません。③は、通常、AB間で法的に意味のある合意をしており、最終的には、裁判所へ訴えてでも強制し、または損害賠償を得ようとする意思が見られますので、契約です。②は、①と③の中間に位置すると考えられます。サークルのコンパ程度では、通常、法的に意味のある合意とは考えないでしょうが、フォーマルな集まりであり、参加費が高額で、あえて不参加の場合の取り決めをしたような場合、契約と見てよいのではないでしょうか。いずれにしても、約束の評価の問題です。

(2) 合　意

> Case 3-2　CのところにDからサンプル商品甲が送られ、「不要の場合は10日以内に返送してください。お返事なき場合には、お買い上げいただいたものとして扱わせていただきます」と書いてあった。何もしないで10日間が経過すると、CD間に甲の売買契約が成立するか？
>
> （参考：特定商取引法59条、対照：商法509条）

　AがBとの間でAの所有する本をBに1万円で売るという契約をした場合のA・Bの約束内容は、以下のとおりです。Aの具体的な約束内容は「1万円の支払いと引換えに本を引き渡す（所有権を移す）」という約束で、Bの具体的な約束内容は「本の引渡し（所有権の移転）と引換えに1万円を支払う」という約束です。これらの約束により、AとBとの間に1万円と本（の所有権）を交換する合意があることになります。売買契約には、ある物を売る・買うという合意が基礎にあります。

　合意の構造は、**効果意思**を伴って「1万円の支払いと引換えに、本を引き渡す（所有権を移す）」という約束をし、これに対応して、相手方が効果意思を伴って「本の引渡し（所有権の移転）と引換えに、1万円を支払う」という約束をすることです。双方の内容が合致していなければなりません。し

かし「意思」は，心の中のものですから，外から見ることはできません。外から見えるもの，外から認識できるものは，相手に「表示された意思」です。これが**意思表示**で，意思表示の合致によって契約が成立することになります。

そこで，たとえば「1万円でその本を買いたい」という意思表示に対し，「2万円でなら売る」という意思表示がなされても，意思表示の合致はなく，「1万円でAという本を買いたい」という意思表示に対し，「1万円でBという本を売る」という意思表示がなされても，意思表示の合致はありません。

Case 3-2 では，示された事実では，承諾がなく，契約は成立しません。ただし，当事者間にあらかじめ承諾の通知を必要としないとするという合意や取引上の慣習があれば，契約は承諾の意思表示と認める事実があった時に成立します（527条）。また，商人どうしの取引では，同種の取引が継続して行われることもあり，承諾したものとみなされることがあります（商法509条2項）。

特に消費者取引では，送りつけ商法（ネガティブオプション）が問題となります。一方的に商品が送りつけられても，（仮に送りつけ行為自体を契約の申込みとみても）消費者の承諾がなく，契約が成立しないのは当然ですが，目的物の所有権は依然として送り主にありますので，目的物の返還義務が問題となります。特定商取引法は，特に規定を置き，目的物の引取りを請求すると請求の日から起算して7日間，何もしなくても送付のあった日から起算して14日間が経過すれば，送り主は返還を請求できなくなりますので（特定商取引法59条1項），送られた者は目的物を処分可能となります。

なお，例外的に特に事業者に承諾義務が課されるものとして，医師，電

Column　2つの意思の合致

意思の合致は，①効果意思の合致と②効果意思の外部への表示，すなわち意思表示の合致の2つの場面で問題となります。拘束力の前提となるのは①ですが，外部から認識できないので，ひとまず②で契約が成立するとし，①は，契約（意思表示）の有効・無効，または取消しの可否の問題とされています。契約の成立・不成立と有効・無効は，明確に区別されます。契約の有効・無効は，成立している契約について問題となります。

気・ガス・水道の供給，鉄道などがあります。

1.2.2 申込みと承諾による契約の成立

(1) 申込み・承諾の意義

申込みとは，承諾（申込みをそのまま受け入れるという相手方の意思表示）があれば契約を成立させるという意思表示です。契約は，申込みに対し相手方が**承諾**したときに成立します（522条1項）。契約の成立には，法令に特別の定めがある場合を除き，書面の作成その他の方式を具備する必要はありません（522条2項）。

(2) 申込みの誘因

申込みと似ていますが異なるものに**申込みの誘因**があります。申込みの誘因とは，申込みそれ自体でなく，他人の申込みを誘うものです。賃貸アパートの看板，列車の時刻表の掲示，タクシーの停車のための挙手，自動販売機による商品陳列など，申込みなのか，申込みの誘因なのかが問題となり得るものがあります。結局，それに対する承諾の意思表示があれば，契約が成立すると考えるべきかによって決せられることになりましょう。

1.2.3 対話者間の契約の成立

(1) 対話者間

契約を締結するにあたり，申込みと承諾が即座になされる場合があります。対話者間の契約では，申込みの効力とか承諾期間といった問題は比較的小さくなります。

対話者間の申込みは，対話が継続している間は，いつでも撤回できます（525条2項）。対話者間の申込みは，対話終了後も効力を失わない旨を表示しない限り，対話が継続している間に承諾がないと効力を失います（525条3項）。

距離的に離れた場所にいる者の間で電話，テレビ会議，スカイプ等により「対話」がなされる場合は，「隔地者間」ではなく，「対話者間」と同様に扱います。

(2)現実売買

　私たちが日常経験する売買では，ほとんどの場合，申込みに対する承諾は，その場でなされて契約が成立し，履行もその場で直ちになされます。契約の成立とほとんど同時に履行がなされる点に特徴があります。

　たとえば，スーパーでの果物の購入は，売買契約です。この際，そもそも契約を締結しているという意識が希薄かもしれません。また代金支払義務，目的物引渡義務といった売買契約から生ずる義務を当事者はほとんど意識しないでしょう。

1.2.4　隔地者間の契約の成立

(1)隔地者間の契約締結

　民法が立法された当時，隔地者間の契約は，手紙を何回かやりとりし，そのいずれかが申込み，承諾となって成立することが前提とされていました。手紙は相手方に到着するまでに時間がかかり，また場合によっては通常より遅延したり，不着となったりします。このようなことから，隔地者間の契約には，複雑な問題が生じますので，この処理を規定しています。

(2)意思表示の効力発生時期

　申込みおよび承諾は，意思表示です。意思表示は，その通知が相手方に到達した時からその効力を生じます（**到達主義**）（97条1項）。相手方が正当な理由なく意思表示の通知が到達することを妨げたときは，その通知は通常到達すべきであった時に到達したものとみなされます（97条2項）。意思表示の相手方がその意思表示を受けた時に意思能力を有しなかったときまたは未成年者もしくは成年被後見人であったときは，その意思表示をもってその相手方に対抗することができません（98条の2柱書き）。ただし，相手方の法定代理人がその意思表示を知り，または相手方が意思能力を回復し，もしくは行為能力者となった後でその意思表示を知ったときは，その意思表示は有効となります（98条の2ただし書き）。これに対し，例外的に，意思表示を発した時に効力を生ずるとされるものもあります（**発信主義**。たとえば，特定商取引法9条2項）。

到達主義では意思表示をした当事者が到達の事実を証明しなければなりません。そこで「到達」とは何かが問題となります。たとえば，郵便による意思表示では，相手方がその内容を知るまでに①相手方の郵便受けに届く，②相手方本人が手にする，③相手方が内容を読み終える（了知）という段階を経ます。判例は，手紙を同居の家族が受け取り，相手方（受取人）の机の引き出しに入れた場合に「到達」があったとしました（最判昭和36年4月20日民集15巻4号774頁）。「到達」は，相手方が意思表示の内容を知ろうとすれば知ることができる状態になっていれば足り，相手方が現実に内容を了知したことまでは必要ないとされていることになります（最判平成10年6月11日民集52巻4号1034頁〈百選Ⅰ25〉）。

(3) 申込みの撤回

到達前の意思表示は効力が生じていません。したがって，ここで問題となるのは，厳密には撤回ではありません。申込みの意思表示を発した者は，申込みの意思表示が相手方に到達する前に，適宜の方法により，到達を妨げ，または後に到達する申込みは効力がないと通知することにより，申込みの効力が生ずるのを妨げることができます。このことは，意思表示一般に妥当します。

Column　条文の枝番

1.2.4(2)では，「98条の2」という条文が出てきました。このように，条文に「の」が入ることがあります。これを枝番といいます。「○条の○の○」というものもあります。多くのものは，改正により後から挿入された条文ですが，必ずしもそうでないこともあります。たとえば，太平洋戦争後の民法改正により，新たに1条と1条の2を追加した結果，それまでの1条が1条の3となった例があります。ただ，その後の改正により，この部分の枝番は解消されています。

なお，枝番の条文について項を示したいときは，「民法587条の2第1項」のように「第」を付けることになっています。付けないと，数字がつながってしまうからです。表記の統一性を欠くともいえますが，気まぐれで付けているわけではありません。逆にいえば，通常，「第」は省かれることになっています。このように表示の「慣行ルール」がありますのでご注意を！

これに対し，到達後は，到達により意思表示の効力が発生しています。したがって，意思表示は当然には撤回できません。その上で，民法は，申込みについて，承諾期間の定めがあるか否かにより区別し，規定を置いています。詳細は，523条，525条1項を参照してください。

(4)申込者の死亡，意思能力喪失，行為能力の制限

意思表示は，表意者が通知を発した後に死亡し，意思能力を喪失し，または行為能力の制限を受けたときであっても，効力を妨げられません（97条3項）。これに対し，申込みについては，申込者がこれらの事実が生じたとすればその申込みは効力を有しない旨の意思を表示していたとき，または相手方が承諾の通知を発するまでにその事実が生じたことを知ったときは，申込みは効力を生じません（526条）。

(5)契約の成立時期

民法（債権関係）改正前民法は契約の成立時期につき承諾の発信主義を採用していました（民法（債権関係）改正前526条1項）。改正後の民法ではこれを改正しました。承諾は他の意思表示と同様に到達によって効力が生じます。したがって，申込みと承諾によって成立する契約は，承諾の到達時に成立することになります。

Column　撤回と取消し

撤回とは，意思表示をした者がその意思表示の効果を将来に向かって消滅させることです。意思表示の効果が生ずれば，撤回はできないのが原則です。しかし，例外的に意思表示そのものに特に問題はないが，撤回により意思表示の効力を失わせることが認められることがあります（たとえば，特定商取引に関する法律9条1項）。類似の制度として，取消しがあります。取消しとは，意思表示に取消原因（制限行為能力，錯誤，詐欺，強迫）があるとき，それを理由として，意思表示の時に遡って意思表示の効力を失わせることです。取消しでは，一定の者（取消権者）に取消権が与えられ（120条），取消期間内に（126条）取消権を行使することにより（123条），取消しの効力が生じます（121条）。両者は明確に区別されます。

1.3 契約の基礎

1.3.1 契約自由の原則

契約は，当事者間の権利義務関係にかかわるのみで，原則として第三者に影響を与えません。ここには私的自治の原則あるいは意思自治の原則が妥当しますので，**契約自由の原則**が認められます。

契約自由の原則は，①契約をするかしないかの自由（**締結の自由**），②契約を誰とするかの自由（**相手方選択の自由**），③契約の内容を決める自由（**内容の自由**），④どのような方式で契約を締結するかの自由（**方式の自由**）からなると説明されます。

民法は，締結の自由（521条1項），内容の自由（521条2項），方式の自由（522条2項）を明文で規定しています。明文の規定がないからといって相手方選択の自由を否定する趣旨ではなく，これは，521条1項に規定された内容だともいえます。

1.3.2 典型契約・非典型契約

民法に定めのある13の契約を**典型契約**（**有名契約**）といいます。契約自由の原則がありますので，契約はこれらに限られることなく，公序良俗違反（90条），強行規定違反（91条）でない限り，当事者で自由に締結することができます。民法に規定のない契約を**非典型契約**（**無名契約**）といいます。

1.3.3 契約の分類

(1) 諾成契約・要物契約

契約が成立するために当事者の合意のみで足りる契約を**諾成契約**といい，それに加えて目的物の引渡しが必要な契約を**要物契約**といいます。たとえば，売買契約は，売主が目的物の財産権を移転すると約束し，買主がこれに対して代金を支払うと約束すると成立する（555条）ので諾成契約です。他方，消費貸借契約は，借主が種類，品質，数量の同じものをもって返還すること

を約束して，貸主から目的物を受け取ることによって成立する（587条）ので要物契約です。ただ，書面でする消費貸借契約は，諾成契約とされています（587条の2第1項）。

(2) 双務契約・片務契約

契約当事者が対価的な関係にある債権を持ち合い，債務を負い合う契約を**双務契約**といい，そうでない契約を**片務契約**といいます。たとえば，売買契約では，売主は目的物の財産権移転という債務を買主に対し負い，買主は代金を支払うという債務を売主に対し負います。それぞれの債務は相手にとっては債権です。これらの債権・債務は対価的な関係にあります。したがって，売買契約は双務契約です。これに対し，贈与契約では，贈与者は目的物の財産権を受贈者に移転する債務を負いますが，受贈者はこれと対価的な関係にある債務を負いません。したがって，贈与契約は，片務契約です。

(3) 有償契約・無償契約

契約当事者が対価的な関係にある出捐をする契約を**有償契約**といい，そうでない契約を**無償契約**といいます。たとえば，売買契約では，売主は目的物の財産権を買主に移転するという出捐をし，買主は代金を売主に支払うという出捐をします。これらの出捐が対価的関係にあります。したがって，売買契約は有償契約です。これに対し，贈与契約では，贈与者は目的物の財産権を受贈者に移転するという出捐をしますが，受贈者はこれと対価的な関係にある出捐をしません。したがって，贈与契約は無償契約です。

双務契約・片務契約と有償契約・無償契約は，結局，同じではないかと考える人がいるかもしれませんが，両者は「債権・債務」，「出捐」と，基準に

Column　対価と負担

土地・建物を贈与する代わりに老後の世話をするという場合，贈与することと世話をすることは内容的に均衡がなく対価的な関係にありません。したがって，なされた契約は片務契約の贈与契約です。厳密にいえば，世話をするという負担のついた負担付き贈与（553条）です。対価というためには，少なくとも契約当事者がそれぞれの義務に均衡があると考えていることが必要です。

しているものが違うので必ずしも一致しません。たとえば，要物契約としての利息付消費貸借契約は，契約成立時には借主のみが債務を負う片務契約ですが，利息と貸与が対価的な関係にある出捐ですので有償契約です。

2 物権法の基礎

2.1 物権と債権

2.1.1 物権と債権の違い

(1) 排他性

排他性とは，同一内容，矛盾する内容の権利が同時に成立しないということです。物権には排他性がありますが，債権には排他性がありません。物権に排他性があることにより，1つの物には同一内容の物権は1つしか成立しません（**一物一権主義**）。これに対し，債権には排他性がありませんので，同一内容の債権が複数成立し得ます。たとえば，1つの物に2つの所有権は排他性により認められませんが（共有は別問題），ある時刻に講義をする契約，同時刻に別の場所で歌を歌う契約を締結しても，両方とも有効です。少なくとも一方は履行できませんが，債務不履行，損害賠償として処理されます。

(2) 絶対性

> Case 3-3　Aは自己の所有する甲土地を駐車場としてBに賃貸した。Aは甲をCに売却し，Cは甲の所有権移転登記を経由した。Cは，甲にマイホームを建てるため，Bには駐車場として貸さないとしている。BはCに対し甲を駐車場として貸すよう請求することができるか？

絶対性とは，権利を誰に対しても行使できるということです。物権には絶対性があります（**絶対権**）が，債権には絶対性がありません（**相対権**）。物権は（3に見るように対抗要件を備えれば）誰に対しても主張できます。こ

れに対し，債権は債務者に対してのみ債権の内容の実現を主張できます。たとえば，所有者は，所有権（物権）の行使を妨げる誰に対しても自己の所有権を主張でき，その排除を請求できます。他方，お金を貸した者は，貸金返還請求権（債権）を，貸した相手（借主）に対してのみ主張できます。

Case 3-3 では，Bは賃貸借契約をAと締結しています。甲を使う権利は債権で，Aに対しては主張できますが，Cに対しては主張できません。他方，Cは甲の所有権を取得し，対抗要件も備えています。所有権は物権であり，誰に対してでも主張できます。BはCに対し権利を主張できませんが，CはBに対し権利を主張できます。Bは，Cに対し，甲を駐車場として貸すよう請求することができません。これは「売買は賃貸借を破る」ということです。

(3) 物権法定主義と契約自由の原則

物権では**物権法定主義**が採用されます（175条）が，債権の主たる発生原因である契約では契約自由の原則が採用されます。

物権法定主義の内容には，2つの意味があります。1つは，物権は法律に定められたもの以外創設してはいけないということです。物権は絶対権ですから，すべての人に影響します。そこで，勝手に○○権という物権を創造して第三者に影響を与えては困るので認めないということです。もう1つは，物権の内容は法律に定められた内容でなければならないということです。勝手に私の所有権は特殊な○○○という内容です，ということでは，その所有権について安心して法律関係に入ることができず，また物権の絶対性により第三者が影響を受けるのは認めることができない，ということです。このように，物権の種類と内容は法定されていないと不都合があります。

これに対し，先に見たように，契約では契約自由の原則が採用されます。ただ，いくら契約は自由だといっても，どのような内容の契約でも締結してしまえば法律上有効というものではありません。この点は，法律行為，意思表示のところで扱います。

(4) 譲渡性

物権には当然の**譲渡性**があります。これに対し，古くは，債権は人と人を

結ぶものだと考えられ，譲渡性は否定されていましたが，現在では原則として譲渡性が認められています（466条1項本文）。ただ，当事者の信頼関係に基礎を置く契約に基づく債権は異なる扱いがされます。たとえば，賃借権の譲渡には制限があります（612条1項）。

(5) **物権優先の原則**

両立できない物権と債権が競合する場合，物権が債権に優先します。これを**物権優先の原則**といいます。このことが顕著に表れた結果が「売買は賃貸借を破る」です。ただし，特に不動産賃貸借の場合に，この原則は大きく修正されています（605条，借地借家法10条，31条。賃借権の物権化といわれる現象です）。

2.2 物権の発生・変更・消滅

2.2.1 物権の発生

物権の発生とは，新たに物権が生まれることです。建物が新築されれば，建物所有権が発生します。また，承継的に権利を取得する場合（たとえば，売買，相続によって所有権を取得する場合。相対的発生），原始的に権利を取得する場合（たとえば，取得時効（第14章2参照），即時取得によって所有権を取得する場合。絶対的発生）も，「物権の発生」です。

2.2.2 物権の変更

物権の変更とは，物権の内容の変更です。たとえば，地上権（265条）の存続期間を変更すること（268条），抵当権の順位を変更すること（374条）は，「物権の変更」です。

2.2.3 物権の消滅

(1) **物権固有の原因**

物権は，物権の性質に従い，物権固有の原因によって消滅します。たとえ

ば，地上権は存続期間の満了により消滅し，抵当権は債務（被担保債権）の弁済により消滅します。

(2)目的物の滅失，放棄，消滅時効，混同

物権は目的物の滅失（めっしつ），放棄によって消滅します。目的物の滅失により，物権の対象が消滅するので物権も消滅します（ただし，抵当権のような担保物権には例外が認められます（304条））。また，一般的な明文規定はありませんが，物権は放棄できます（たとえば，268条）。ただし，第三者を害することはできません。

所有権，占有権以外の物権は，消滅時効によって消滅します（166条2項）。所有権は消滅時効にかかりません（占有権は，占有を要素とする権利であり，特殊です）。ただ，他人が取得時効によって所有権を取得すれば反射的効果として元の所有者の所有権が失われますが，これは，所有権が消滅時効にかかったわけではありません。加えて，物権は混同により消滅します（179条）。

Column　物権行為の独自性・無因性

債権・債務を生じさせる契約（債権契約）と物権を移転するための合意（物権契約，物権行為）を区別するか否かという問題があります。両者を区別する考え方は物権行為の独自性を肯定します。物権行為の独自性を肯定する考え方は，両者の関係についてさらに見解が分かれます。債権契約からは物権行為をするという債権が発生するだけで，物権行為がなされれば債権契約が無効であっても物権行為は影響を受けないとする考え方があります（物権行為の無因性を肯定）が，両者が有因関係にあるとする見解もあります（物権行為の無因性を否定）。

2.3 物権変動

2.3.1 権利の存在と動的安全・静的安全

> **Case 3-4**
> Dは甲土地を所有しており，甲はD名義に移転登記されていた。Eは，偽造書類を用いて，Dが気づかない間に甲についてE名義に移転登記をした。Eは，甲の所有者として，この間の事情を全く知らず登記簿を調べて甲の所有者がEだと信じたFに甲を売却して引き渡した。Fは，甲に乙建物を建築し，乙に居住している。Dは，Fに対し，乙を壊して，甲を明け渡すよう請求できるか？

物権の存在は物理的に認識できません。権利は抽象的な存在であるからです。たとえば，所有権の移転，制限物権の設定は目的物の外観からは分かりません。予期しない物権変動があれば，それにかかわる第三者が意外な損失を被る可能性があります。たとえば，購入した目的物の売主がすでに第三者に所有権を移転していたとか，購入した建物に第三者の抵当権が付いていたとしても，購入者は目的物から物理的にそれらを認識することができません。

権利者でない者は権利を移転できないというのが大原則です。そこで，物権変動においては，取引の安全をいかに図るかが重要となります。他方，取引の安全を保護すると，真の権利者が権利を失うことになります。真の所有者の保護も重要です。結局，動的安全の保護と静的安全の保護の調和をいかに図るかが課題となります。

Case 3-4では，不動産の登記を信頼しても，それだけでは保護されません。仮に94条2項を類推適用（第8章3参照）するとしても，真の権利者に帰責性（責任を負わせてもよい事情）が必要です。Dには帰責性がありません。所有権に基づくAの請求は認められます。

2.3.2 契約による物権変動—意思主義と形式主義—

物権変動，たとえば所有権の移転に必要なことは何でしょうか。民法は，**意思主義**を採用し，当事者の意思表示のみによって物権変動が生ずるとしま

した（176条）。形式的にいえば「所有権を移す」という意思表示のみで所有権は移転します。通常、売買契約にはこのような意思が含まれていますので、売買契約によって所有権が移転します。

意思主義に対する考え方が**形式主義**です。これによれば、たとえば、所有権の移転では、所有権を移転するという合意に加え、登記を移転するなどの形式が必要となります。

2.3.3 物権変動の時期―売買における所有権移転を念頭に―

> **Case 3-5** Gは、Gが所有する甲土地につき、Hとの間で、2月1日に売買契約を締結し、Hは3月1日に代金を支払い、Gは4月1日に引き渡し、Gは5月1日に登記を移転した。目的物の所有権は、いつGからHへ移転したか？

土地の売買契約が締結されたとき、目的物の所有権はいつ売主から買主へ移転するのでしょうか。土地は特定物です。

(1)判例・伝統的学説

判例・伝統的学説は、特定物については、売買契約に所有権を移転する合意が含まれているとすることを前提に契約の時に所有権が移転するとします（最判昭和33年6月20日民集12巻10号1585頁〈百選Ⅰ52〉）。ただ、当事者が所有権の移転時期について特約をした場合、その特約は有効とされます。

Case 3-5 では、通説・判例によれば、所有権移転時は契約締結時とされますので、2月1日です。

Column　特定物と不特定物

物は特定物と不特定物に区別できます。特定物は、物の個性に着目して取引されるもので、土地・建物のような不動産に加え、骨董品、美術品のほか、大量生産された物でも、中古になれば、物の個性に着目して取引するのが普通ですので特定物です。これに対し、不特定物は、同種・同品質のものが存在する物であり、新刊本、新車、新品のエアコンなどが該当します。

(2) 学説の批判

判例，伝統的学説の主張する結論は取引の常識に反すると批判されます。批判説は，たとえば不動産については，登記・引渡しの時点，あるいは代金支払いの時点まで所有権は移らないとすべきと主張します。この結論は取引当事者の意識に近いといえましょう。

所有権の移転時期を考える上での問題点を2つ指摘します。1つは，民法の意思主義との関係です。意思主義と所有権移転時期は，直接の関係はありません。176条は，移転の方法を規定したもので，移転時期を規定したものでないからです。もう1つは，代金支払い，登記（引渡し）が違う時点でなされた場合の処理です。どちらがよいかとは，割り切れませんので，いずれか早いほうという考え方が妥当でしょう。

(3) 段階的所有権移転説（なしくずし的所有権移転説）

そもそも売買の過程での所有権帰属を論ずる必要もなく，また，所有権の帰属を決めることができないとする，いわば「逆転の発想」の見解が主張されました。この説は，実際に問題となるのは，所有権の帰属ではなく，当事者間では，危険負担（536条）や果実収取権の帰属（575条1項）であり，それぞれ具体的な規定の解釈によって処理されるので，所有権の移転そのものについて論及しなければならない必然性はないと主張します。所有権はこれらの機能が移転するとともに，段階的に移転するとします。また売買当事者の一方と第三者の関係では，対抗要件を備えることが必要ですので，売主と買主の間の所有権の帰属そのものは問題とならないといいます。

この説に対しては，所有権の帰属が争点となって訴訟の勝敗が分かれることがあるとの批判があります。たとえば，717条で責任を負うべき所有者にあたるのは誰か，所有権侵害を理由に損害賠償を請求できるのは誰か，物権的請求権を行使できるのは誰かが問題となり得ますので，所有権の帰属を論ずることは無意味ではないと主張します。

3 不動産物権変動の対抗要件

3.1 登　記

　買主が売主に対して所有権の移転を主張するには，売買契約の存在を主張すればよいです。それ以外には何も必要とはされません。売主に所有権登記があれば，買主は，その登記を買主へ移転するよう請求できます。当事者間では，対抗問題は生じません。しかし，第三者に対して所有権の移転を主張する場合は事情が異なります。たとえば，売主が買主①へ不動産を売却し（売買①），さらに買主②へ不動産を売却した（売買②）とします。これを，二重譲渡といいます。両買主は互いに所有権を主張できるのでしょうか（図表３－１）。

　権利は抽象的な存在であり，物理的に認識できません。そこで，権利を外部から認識できるようにしようというのが**公示**です。不動産については登記簿が作成され，登記をすることによって権利を公示することになっています。ただ，権利を公示するといっても，実際の権利と公示の内容は，必ず一致するものではなく，事実と異なる登記（不実の登記）がなされる可能性がある

Column　二重譲渡は可能か

　買主①へ不動産を売却した売主は，売買契約時に売主から買主へ所有権が移転するという考え方からすれば，すでに所有者ではないはずです。すると，当然，どうして所有者でない売主がさらに買主②へ同じ不動産を売却できるのかという疑問が生じます。これを矛盾なく説明するのは難問です。従来の有力な説明は，登記を問題とし，売買①では買主①へ登記が移転しない限り所有権は完全には買主①へ移転せず，売買②が可能であると説明します。あるいは，別の説は，一応，当事者間では，契約だけで物権は移転するが，第三者との関係では完全な移転ではなく，登記がなければ失権してしまう可能性があると説明します。しかし，これらの説明は，容易に納得できるものではありません。そこで，二重譲渡が可能であることは，177条が認めていると割り切る説明も現れています。詳しくは，物権法で学ぶことになります。

図表3−1 ▶▶▶二重譲渡

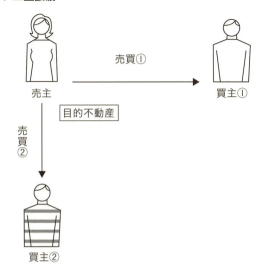

ことには注意を要します。

177条は，不動産物権変動の対抗要件は登記であると定めます。このような原則を**対抗要件主義**といいます。不動産物権変動を第三者に対抗するためには，その旨の登記をしている必要があります。

「対抗する」ことができるとは，結局，権利を「主張する」ことができる，権利を「認めさせる」ことができるということです。これが問題となるのが「対抗問題」であり，第三者との間で生じ，契約当事者間では生じません。

なお，売買①について悪意であり，売買②を締結したことが信義に違反するような買主②は「背信的悪意者」とされ，177条の「第三者」から排除されるとする「背信的悪意者排除論」が判例・学説において確立しています。詳しくは，物権法で学ぶことになります。

3.2 明認方法

立木（りゅうぼく）は，原則，土地の一部であり，例外的に**立木に関する法律**による登記をすることにより，土地とは別の取引の対象とし，物権変動の対抗要件を備

> **Column** **公信力**
>
> 　公示を信頼した者が公示通りの権利関係の主張することを認める場合を，公示に公信力があるといいます。逆の場合は，公示に公信力がないことになります。動産取引では即時取得の制度により動産の占有（公示）に公信力が認められます。不動産取引においては即時取得に相当する制度がありません。そこで，原則として不実の登記（公示）を信頼した者は保護されません。この不都合を少なくするため，判例・通説は，一定の場合，民法94条2項（通謀虚偽表示の第三者保護規定）を類推適用して第三者を保護することを認めています。

えることができます。また，**明認方法**（めいにん）を備えることにより，登記されていない立木を土地とは別の取引の対象とすることも認められ，明認方法が対抗要件となります。明認方法は慣習上の対抗要件です。明認方法の具体例として，たとえば，樹の幹を削って名前を書くとか，立て札を立てることが認められています。

4　動産物権変動の対抗要件

　動産物権変動の公示は占有によります。動産は，社会に非常に多数あり，そのすべてについて不動産のような登記簿を備えることは現実的ではありません。

　動産に関する物権の譲渡は，その動産の引渡しがなければ，第三者に対抗することはできません（178条）。注意すべき点として，以下の点があります。①引渡しを対抗要件とする「物権」は所有権です。②引渡しを対抗要件とする「物権変動」は「譲渡」ですが，取消し・解除による復帰的物権変動（いったん移転した物権を元に戻す物権変動）にも適用があります。③引渡しを対抗要件とする「第三者」の範囲は不動産物権変動とほぼ同様です。④動産物権変動には即時取得（192条）の制度がありますので，動産物権変動における対抗要件の重要性は不動産物権変動における対抗要件の重要性に比

べ小さいです。

　民法は引渡し（占有の移転方法）として4つのものを定めます。①現実の引渡し（182条1項），②簡易の引渡し（182条2項），③占有改定（183条），④指図による占有移転（184条）です。それぞれの具体的な内容およびそれにかかわる問題点については物権法で学んでいただくこととして，ここでは，分かりやすい「現実の引渡し」を念頭に置いておけばよいです。

　なお，自動車，船舶，航空機のような一部の動産には，登記・登録があります。登記・登録されたこれらの物の物権変動については，不動産の場合と同様の処理をすることになります。

Working　　　　　　　　　　　　　　　　　　　　　　調べてみよう

1. AB間で契約が成立していますか。成立しているとすると，どれが申込みで，どれが承諾でしょうか。

    問1　B「Aの所有する甲車を売って欲しい」①
    　　　A「30万円でその車を売る」②
    　　　B「それでいい」③

    問2　B「Aの所有する甲車を30万円で売って欲しい」①
    　　　A「40万円でならその車を売ってもいい」②
    　　　B「それでいい」③

2. 以下のものは，申込みでしょうか，申込みの誘因でしょうか，承諾でしょうか。

    (1) A：時給1,200円と明示した求人広告をした。B：その求人広告をみて，応募した。

    (2) A：デパートで価格を表示して商品を陳列した。B：陳列商品を会計場所へ持って行き，従業員に差し出して表示された価格の代金を支払おうとした。

第4章 民法の基本原理

> **Learning Points**
> ▶民法では，多くの条文が規定されています。それぞれ細かいルールを定めていますが，それらを包括的に束ねる基本原理があります。本章では，民法の基本原理を学びます。
> ▶民法を学んでいく上では，判例の理解が不可欠です。あわせて判例のまとめ方を学びます。

> **Key Words**
> 民法の基本原理　判例のまとめ方

1 民法の基本原理

民法には個別の問題についてさまざまな条文がありますが，それを貫くような基本原理があります。ここでは，民法解釈の基礎となる原理を学びます。

1.1 民法の解釈基準

民法の解釈基準として，個人の尊厳と両性の本質的平等を旨とすることが明記されています（2条）。個人の尊厳により，すべての個人は個人（人間）として尊重されます（憲法13条）。個人は，その自由な意思が確保され，他人の意思によって支配されてはなりません。また，両性の本質的平等により，男女の間に存する本質的な差異を差異として認めながら，その間に価値の上下を付けず，男女の地位が平等であるように民法は解釈されます。

1.2　近代私法の原則

1.2.1　権利能力平等の原則

> **Case 4-1**　ＡとＢとは夫婦であるが，妻Ａは，夫Ｂに相談しないで，結婚前から有していた自己名義の土地を売却し，受け取った代金3,000万円を，難病で治療費に困っていると報道されていた3歳の幼児に送金しようとしている。Ｂは，Ａの送金をやめさせる権利を有するか？

権利能力とは，権利・義務の主体となり得る能力をいいます。時代，地域によっては奴隷がいました。奴隷は生物学上は人ですが，奴隷には権利主体性が認められず，法律上は物として扱われました。その後も，身分，階級，性別によって，差別が行われることがありました。民法は，間接的な表現ではありますが，出生すればすべての人間が私権を享有し得ると規定し（3条1項），すべての人が権利能力を有することを宣言しています。

Case 4-1では，ＡとＢは独立した別人格であり，夫婦といえども，それぞれの財産の処分について法的に強制される理由はありません。ＢはＡの送金をやめさせることはできません。

1.2.2　私的自治の原則

権利・義務の主体は私的な関係について，自己の意思に基づいて自由に決められるとする原則を，**私的自治の原則**といいます。私的自治の原則は，形式的平等を前提としており，以下の原則として具体化されます。

(1) 契約自由の原則

先に見たように，契約自由の原則が認められます。契約自由の原則により，契約当事者は，契約を締結するか，誰と締結するか，どのような内容で締結するか，どのような方式で締結するか，について合意によって自由に決定できます。しかし，事実上は，当事者の知識や力関係が異なるため，立場の弱い者はより優位に立つ者の意図するところに従うか否かの意味の自由しかな

いという問題があります。たとえば、労働契約、借地借家、消費者契約では、当事者の知識や力関係が異なります。そこで、当事者間の交渉力を対等にする方策として、当事者の合意によっても（弱者に不利に）内容を変更できない強行規定を規定し、一方のみが有利にならないようにし、実質的平等を実現することが行われます。

(2)遺言自由の原則

遺言自由の原則とは、死後の自己の財産の処分について、自由であることをいいます。ただし、遺留分を害せないなど、制約があります。

(3)社団設立自由の原則

社団設立自由の原則とは、個人が集合して団体を設立することは自由であることをいいます。

(4)所有権絶対の原則

所有権絶対の原則とは、所有権によって代表される個人の財産権が何らの制約を受けずに絶対不可侵であるとする原則をいいます。ただし、これは一種のスローガンで、公共性による制約は避けられません。民法も所有権に法令の制限があり得ることを明示しています（206条）。たとえば、収用される（道路を作るため）、利用方法が制限される（地下に地下鉄が作られ、高い建物が建てられない）、処分の制限を受ける（重要文化財となり、許可なく釘が打てない）といった制限があり得ます。

(5)過失責任主義

過失責任主義とは、自己に過失（故意も含む。以下同様）がある場合にのみ加害行為について責任を負うという原則をいいます。損害賠償責任を負うためには、単に加害行為と損害の間に因果関係があるだけでは足りず、加害者に過失が必要です。これにより、十分な注意をしていれば、仮に他人に損害を加えても損害賠償責任を負わないとして、自由な経済活動を保障することになります。しかし、これを単純に貫くのは被害者保護という観点から不当だと考えられるようになりましたので、一部の被害については加害者に過失がなくても責任を負うという無過失責任の考え方が主張されるようになりました。無過失責任を支える理論的根拠は、報償責任（利益を得る者が損害

を負担すべき），危険責任（危険な行為をする者が損害を負担すべき）の考え方です。自動車損害賠償保障法（事実上の無過失責任）や製造物責任法がこの考え方を採用しています。なお，過失責任主義の位置付けについては，私的自治の原則の具体化とする考え方もあります。

2 権利の行使における原則

2.1 私権

私法上の権利を，**私権**といいます。私権は究極的に裁判所の力を借りてその内容を強制的に実現できることを意味します。私権は最終的に強制を伴った関係です。しかし，法律の規定により権利があるとされても，その行使により社会的に望ましくない結果が生ずることがあり，実際に権利行使を認めてよいか，問題のある場合があります（たとえば，以下に見るような権利の濫用にあたる場合）。

もともと権利は国家の存在を前提とします。他人との関係は，国家により認められ強制されることにより，権利となります。権利は，国家の法秩序，国家全体の利益を維持することにより認められます。したがって，私権であっても，権利の公共性は必然的に内在することになります。

2.2 権利の行使と義務の履行

2.2.1 公共の福祉

私権は**公共の福祉**に適合しなければなりません（1条1項）。公共の福祉とは，社会共同生活の全体としての利益をいいます。私権の内容および行使は公共の福祉に違反する範囲において私権としての効力が認められません。たとえば，前述のとおり所有権には法令による制限があります（206条。そ

の他は，たとえば土地収用法，文化財保護法）。

2.2.2 信義誠実の原則

権利の行使および義務の履行は信義に従い誠実に行わなければなりません（1条2項）。権利の行使として，たとえば解除権の行使（最判昭和28年9月25日民集7巻9号979頁）が問題となり，義務の履行として，たとえば債務の履行（最判昭和36年11月21日民集15巻10号2507頁〈百選Ⅱ42〉）が問題となります。また，第三者への対抗も問題となります（最判平成14年3月28日民集56巻3号662頁〈百選Ⅰ3〉）。

信義誠実の原則は，もともと契約関係に適用になる原則だとされていましたが，現在ではあらゆる法律関係に適用されます。近代社会における法律関係は，相互に相手方を信頼してはじめて成り立ち得ますので，相互に相手方の信頼を裏切らないように誠実に行動することが要請され，このことは，義務の履行についてはもちろん，権利の行使についても同様に当てはまるからです。権利の行使については，権利濫用禁止の原則につながります。

2.2.3 権利濫用の禁止

> Case 4-2　Aは，Bの運転する自動車にはねられ負傷し，損害賠償訴訟において家業ができなくなったとの認定のもとに，Bに対し5,000万円の支払いを命ずる判決を受けた。Bは，その支払いができず，それを苦に自殺した。Bの死亡の5年後，Aは，上記の判決に基づき，Bの唯一の相続人である老母Cに対して，その住宅を差し押さえ，強制執行の手続を開始した。Aは，予想外の回復を示し，家業に復帰して従来通りの収入を得られるようになっている。Aの強制執行手続は許されるべきか？

古くは，権利の行使は，権利の行使であるというそれだけの理由から，非難される理由はないと考えられていました。しかし，その後，権利を行使する者に権利行使の利益がないのに，相手方に損害を与えるためだけに権利を行使するということは，倫理上，許されないと考えられるようになりました。初期の議論では，そもそも主観的要件（もっぱら他人に損害を与えるために

自分の利益にならないことをすることを重視していました。その後，客観的要件（私権の公共性）が指導原理となりました。権利の行使は，法律が認めた範囲に限るということです（大判大正8年3月3日民録25輯356頁〈百選Ⅰ2〉〔信玄公旗掛松事件〕）。私権の公共性は，行為によって権利者の受ける利益と，行為によって相手方の被る損害を比較して判断されます。ただ，客観的要件を強調することに対しては，社会経済的事実の重視，既成事実優先という批判があります。

当初は，信義則は権利義務関係にある人，**権利濫用禁止**は権利義務関係にない人の間で適用されるというように，信義則と権利濫用禁止は違う適用場面を想定していましたが，現在は，両者を区別せず，並べてあげられ得ることが多くなりました。

Case 4-2 では，Aの主張する強制執行は，権利の濫用にあたり，許されません。

2.3 一般条項の用い方

信義則，権利濫用の禁止をはじめとするいわゆる**一般条項**は，問題が既存の法理によって適切に解決される場合には，使うべきではありません。1条は戦後の改正によって規定された条文ですが，規定がなかった時代から信義則，権利濫用の禁止は，法理として存在していました。1条による明文化後は，ますます頻繁に法的根拠として主張されるようになりましたが，その前に，①その他の法理・各条文が本当に使えないのか，②他の規定の類推適用ができないかを十分に確認すべきです。すべて1条で処理できるのであれば，他の条文は不要になるからです。

3 判決のまとめ方

　民法の勉強をしていく上では，判例の勉強は避けて通れません。その際，極めて重要である最高裁判決を念頭に置き，判決を読む際のアドバイスを以下にまとめます。以下の説明は，地方裁判所を第1審とする裁判を念頭に置いています。地方裁判所の判決に不服のある当事者が高等裁判所の判断を求めるのが「控訴」，高等裁判所の判決に不服のある当事者が最高裁の判断を求めるのが「上告」または「上告受理申立て」です。

(1)事実をまとめる

　判決文の事実の部分を読み，法的に意味のある事実をまとめます。ここでは，①誰が誰に対し何を請求したか，②根拠となる事実は何かを中心とし，普通は原告をX，被告をY，参加人がいればZ，訴訟外の関係者をA，B，C……で表し，自分の言葉で簡潔にまとめ直すことが必要です。この際，関係者の関係を把握しやすくするため，通常，関係図を作成します（**図表4－1**）。

(2)法的問題点を明らかにする

　事実から生ずる法的問題点は何かを明らかにします。その際，原告の請求に対する被告の反論は何か，原告の再反論は何か……にも注意し，訴訟の争いの本質がどこにあるのかを明確にします。

図表4－1 ▶▶▶ 関係図

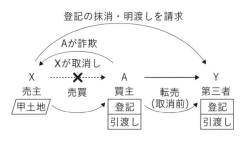

(3) 判決の結論・理由付けをまとめるⅠ
　　―第1審（最高裁から見て原々審）―
　結論は，原告の請求に対応するものであり，「請求認容」（「請求一部認容，一部棄却」），「請求棄却」「請求却下」をいいます。そして，なぜそのような結論となったのかについて，理由付けをまとめます。その上で，この判決に対し，どの当事者が控訴したのか（両者のこともあります）を確認します（いずれの当事者も控訴しなければ，判決は，第1審で確定します）。

(4) 判決の結論・理由付けをまとめるⅡ
　　―第2審・控訴審（最高裁から見て原審）―
　結論は，控訴に対応するものであり，「原判決取消し・変更」「控訴棄却」「控訴却下」をいいます。原告の請求に対応するものでないことには注意してください。そして，なぜそのような結論となったのかについて，理由付けをまとめます。その上で，この判決に対し，どの当事者が上告・上告受理申立てをしたのか（両者のこともあります）を確認します（いずれの当事者も上告・上告受理申立てをしなければ，判決は，第2審・控訴審で確定します）。

(5) 判決の結論・理由付けをまとめるⅢ
　　―第3審・上告審（最高裁判決）―
　結論は，上告，または上告受理申立てに対応するものであり，「上告棄却」，「破棄差戻し」，「破棄自判」をいいます。原告の請求に対するものでないことは，第2審と同様です。そして，なぜそのような結論となったのかについて，理由付けをまとめます。この際，判決文をそのまま抜き書きするのではなく，要するにどういうことなのかを，自分の言葉でまとめ直すと，判決の

Column　原　審

　ある判決をした裁判所から見て，控訴，上告の元となった審級を「原審」と呼びます。通常，最高裁判決の原審は高等裁判所です。また，通常，その高等裁判所の原審は地方裁判所か家庭裁判所です。また，最高裁から見てその原審である高等裁判所の原審を「原々審」と呼びます。以上から分かるとおり，「原審」が何かは相対的です。

理解が進みます。

　この際，当該判決の判断をするにあたって不可欠な前提判断が何であるのかに注意してください。これを「判決理由」といいます。これに対し，当該判決の判断をするのに必ずしも必要ない法理が示されることがあります。これは「傍論(ぼうろん)」と呼ばれ区別されます。判例になるのは，「判決理由」であり，「傍論」には，確かに最高裁として一定の見解を示したという意味はありますが，先例的意味はなく，判例にはならないとされます。

Discussion　　　　　　　　　　　　　　　　　　　　　　議論しよう

　大判昭和10年10月5日民集14巻1965頁〈百選Ⅰ1〉〔宇奈月温泉事件〕は以下のような事件です。温泉の引湯管がほんの一部ほぼ無価値の他人の土地を通過していました。この土地を含め周りの土地を買い受けた者が，最初は土地の高値での買取りを交渉しましたが，拒絶されると引湯管の撤去を求めて提訴しました。大審院は，権利濫用に該当し，許されないとしました。

　宇奈月温泉事件において，引湯管の撤去請求は認められませんでしたが，引湯管が他人の土地を無断で通過していることは変わりがありません。事後処理をどのようにすべきか話し合ってみましょう。発展問題です。

第5章 権利の主体（自然人）

Learning Points

▶ 権利を持ったり義務を負ったりできるのは「人」です。人とは何でしょうか。ここでは，生きている人（自然人）について学びます。

▶ 権利を持ったり，義務を負ったりできる資格は，どのようなものでしょうか。歴史的・場所的には制限があったこともありますが，現在では，すべての人に認められています。

▶ 権利を持ったり，義務を負ったりできるとしても，自分1人では十分な判断や行動ができない人がいます。本章では，どのような人がそれに該当し，どのように保護されているのかを学びます。

Key Words

自然人　権利能力　行為能力　同時死亡の原則　失踪宣告

1 自然人

権利を持ち，義務を負うことができるとは，どういうことでしょうか。誰でも完全に1人で法的に行動できるのでしょうか。ここでは，人のさまざまな「能力」を学びます。

1.1 権利能力の主体

権利・義務の主体となれるのは人だけです。権利・義務の主体となれる能力を**権利能力**といいます。人には自然人と法人があり，ともに権利・義務の主体となります。なお，権利能力は，訴訟外の行為のみならず，訴訟上の行為をすること（原告として訴訟を提起し自己の権利を行使できること，訴訟

1.2 自然人の権利能力

1.2.1 権利能力の始期

> Case 5-1　Aが死亡した。後に，Aの子である胎児Bは，その母親Cの出産の際，一部露出した時点で死亡した。Bは，Aの権利を相続したといえるか？

　自然人は「出生」によって権利能力を取得します（3条1項）。これを文字通り適用すれば，胎児には権利能力がありません。民法は，これに対する例外を3つ定めました。不法行為に基づく損害賠償請求権（721条），相続（886条1項），遺贈（965条）では，死産である場合を除き（886条2項。721条には，同様の規定はありませんが解釈で同様に扱います），胎児はすでに生まれたものとみなされます。

(1) 生まれたものとみなす

　この問題を処理する上では，制約に注意する必要があります。まず，仮に胎児に権利能力があるとしても，胎児が裁判所に訴訟を起こして損害賠償を請求したり，胎児が遺産分割の協議に出席して遺産を請求したりすることはできませんので，その処理をどうするかが問題となります。また，死産で生まれた場合の調整が必要になります。

　これらを踏まえ，2通りの考え方があり得ます。従来の支配的な考え方は，停止条件説（人格遡及説）と呼ばれる考え方で，生きて生まれた場合に胎児に権利能力があったように扱うというものです。これに対する有力な反対説が解除条件説（制限的人格説）と呼ばれる考え方で，胎児の間にも権利能力があると扱っておき，後に死産だった場合には遡って権利能力がなかったと扱うものです。判例は，停止条件説によっています（大判昭和7年10月6日民集11巻2023頁）。

(2)出生の意義

出生していない胎児は，結局，権利能力がないと扱われます。出生したかどうかは，重要な基準となります。出生については，①一部露出説（刑法上の通説），②全部露出説（民法上の通説），③独立呼吸説があります。民法上は，母体から全部露出し，短時間でも生きていたことが出生であるとされます。

Case 5-1 では，胎児が一部露出しただけでは「出生」とはいえず，死産となります。BはAの権利を相続できません。なお，Bが相続できるか否かで，Aの相続人が誰かが変わる可能性があります。

1.2.2 権利能力の終期

人は死亡によって権利能力を失います。死亡についても生と死の境について重要な問題があります。

(1)死亡の意義

従来は，死亡とは，心臓の機能が永久に停止し，呼吸が止まり，瞳孔（どうこう）が開くことでした。

(2)脳 死

現在は，臓器移植に伴い，脳死が認められています。脳死は，臓器を「生きた状態」で取り出すため，脳の機能が永久に停止することで死亡とするものです。医学の進歩により従来は問題とならなかったことが問題となる一例です。

Column　訴訟における立証と立証責任

民事裁判では，裁判の基礎となる事実は，当事者が主張し，立証します。おおむね，当事者は自己に有利になる事実を立証することになります。当事者は，立証するためにさまざまな証拠を提出しますが，最終的に真偽不明となることもあります。この場合には，当該事実はないと扱われます。事実がないと扱われるのですから，その事実を立証しようとしていた当事者は不利に扱われることになります。このような不利益を負うことを，立証責任といいます。

(3)同時死亡の推定

Xに，配偶者Y，父A，子Zがいる場合において，①まずXが死亡し，それからZが死亡した場合のXの財産の相続と，②まずZが死亡し，それからXが死亡した場合のXの財産の相続を確認してみましょう。①の場合は，Xが死亡した時点でXに配偶者（890条）と子（887条1項）がおり，Zが死亡した時点で子，配偶者がおらず直系尊属（889条1項1号）がいますので，いったんXをYとZで相続し，次にZをYが相続します。その結果，Xの財産はすべてYが相続することになります。②の場合は，Zが死亡した時点で配偶者がおらず，直系尊属のみおり，Xが死亡した時点で子がおらず，配偶者と直系尊属がいますので，ZをXとYが相続し，次にXをAとYが相続します。Xの財産は，Yが2／3，Aが1／3相続することになります（900条2号）。

上の事例で，XとZのどちらが先に死亡したか，分からない場合はどうなるのでしょうか。事実としては，瞬間まで考えれば，いずれかの死亡が前で他方が後です。「分からない」というのは，それが証明できない場合ということになります。訴訟では，通常は，現状が事実に基づく法律関係と異なるとして現状の変更を求めます。その場合には，訴訟を起こす原告が「主張したい法律関係を基礎づける事実」を立証しなければなりませんので，それができなければ，訴えが認められません。そこで，上記のような紛争の場合，被相続人の財産を事実上押さえている者が有利になってしまいます。この不都合を解消するために立法されたのが，**同時死亡の推定**です。数人の者が死亡した場合において，そのうちの1人が他の者の死亡後になお生存していたことが明らかでないときは，これらの者は，同時に死亡したものと推定します（32条の2）。

死亡時の先後不明には，たとえば，数人が同一の飛行機に乗っていて事故に遭い死亡した場合のみならず，ある者は沈没した船に乗っていて死亡し，他の者は病院で死亡したが，両者の死亡の先後が証明できないような場合も含まれます。同時に死亡した者は，互いに相続しません。ただ，代襲相続（887条2項，3項）の問題があるので注意が必要です。

1.3 外国人の権利能力

外国人は，法令または条約の規定により禁止される場合を除き，私権を享有します（3条2項）。

2 失踪宣告

2.1 失踪宣告

2.1.1 失踪宣告の趣旨

> Case 5-2　夫Aと妻Bは夫婦である。Aは「蒸発」し，生死不明が8年間続いている。Bは，最近知り合ったCと婚姻したいと思っている。Bのとり得る手段は何か？

従来の住所を去った者を**不在者**といいます。不在者の生死不明の状態が継続し，加えて死亡の蓋然性（がいぜんせい）が高いのにそのまま放置しておくことは，その家族や債権者などの利害関係にとって極めて不都合です。そこで，一定の条件を満たした場合に裁判所が**失踪宣告**をすると，その者を死亡したものとみなして，失踪者をめぐる法律関係を安定させることにしました。

2.1.2 失踪宣告の要件

不在者の生死が7年間明らかでないときは，家庭裁判所は，利害関係人の請求により，失踪宣告をすることができます（30条1項）。7年間の期間は最後の音信の時から起算します。これを**普通失踪**といいます。また，戦地に臨んだ者，沈没した船舶の中に在った者その他死亡の原因となるべき危難に遭遇した者の生死が，それぞれ，戦争が止んだ後，船舶が沈没した後またはその他の危難が去った後1年間明らかでないときも同様です（30条2項）。

1年間の期間は危難が去った時から起算します。これを**特別失踪**といいます。いずれも生死不明が要件です。行方不明でも生存が確認できていれば該当しません。

2.1.3 失踪宣告の効果

失踪宣告の効果は死亡したものとみなされることです。実際にどこかで生存していても，従来の住所との関係では死亡したものとして扱われます。普通失踪では，7年間の期間満了時に死亡したものとみなされ，特別失踪では，危難が去った時に死亡したものとみなされます（31条）。

死亡したとみなされるのは，失踪者の失踪前の住所を中心とする法律関係のみです。別のところで生存していれば，そこでの法律関係が存在しないものとして扱われるわけではありません。

Case 5-2 では，Bは，家庭裁判所にAの失踪宣告を申し立てることができます。失踪宣告によりAは死亡したものとみなされ，Bは，再婚できます（女性には，待婚期間の問題がありますが，Aが死亡したものとみなされるのは最後の音信から7年後であり，それから1年経過しているのでBの待婚期間100日（733条1項参照）は経過しています）。

2.2 失踪宣告の取消し

2.2.1 失踪宣告の取消しの趣旨

失踪宣告を受けて死亡したものとみなされても，実際に生きており，従来の住所に戻ってきた場合には，死亡したものと扱い続けるのは不都合です。そこで，失踪宣告は，家庭裁判所により，取り消し得ることとしました。

2.2.2 失踪宣告の取消しの要件

失踪者が生存すること，または31条に規定する時と異なる時に死亡したことの証明があったときは，家庭裁判所は，本人または利害関係人の請求に

より，失踪の宣告を取り消さなければなりません（32条1項前段）。要件に「生存すること」が入っているのは当然として，「異なる時に死亡した」が入っているのは，死亡時点の変更により，たとえば，相続関係が変わってくる可能性があるからです。

2.2.3 失踪宣告の取消しの効果

失踪宣告の取消しの効果は，失踪宣告の失効です。これにより，失踪宣告はなかったことになり，失踪者は失踪宣告によっては死ななかったことになります。しかし，遡って死亡しなかったことになると，失踪宣告によって死亡したことを前提に築かれていた法律関係との調整が必要になります。そこで，例外として，失踪宣告の取消しは，失踪宣告後その取消し前に善意でした行為の効力に影響を及ぼさないことにしました（32条1項後段）。この効果については，財産上の行為と身分上の行為に区別して考える必要があります。

(1) 財産上の行為

失踪の宣告によって財産を得た者はその取消しによって権利を失います（32条2項本文）。「失踪宣告によって財産を得た者」とは，失踪宣告により直接財産を得た者に限られます。たとえば，相続人，受遺者，生命保険の受取人があげられます。失踪者を保護するため，直接財産を得た者は，返還するのを原則としました。

財産の返還範囲は，現に利益を受けている限度（現存利益）に限られます（32条2項ただし書き）。直接財産を得た者は，通常は，消費してしまう可能性が高いといえます。そこで，返還義務を現存利益にとどめ，失踪者と返還者の利益のバランスをとりました。

転得者は，32条1項後段の問題となります。転得者との関係では，失踪者Aに対する失踪宣告が事実に反することを知らずに相続したBから相続財産を譲り受けた善意のCは権利を失うかという形で問題となります。「善意」について古い判例は，財産行為の双方の当事者（BとC）の善意を要するとしています（大判昭和13年2月7日民集17巻59頁）が，取引の安全

を図る趣旨であるから転得者である譲受人（C）が善意であればよいと主張する説もあります。この問題は，失踪者の利益を重視するか，財産上の行為者，特に譲受人の利益を重視するかによります。

(2)身分上の行為

身分上の行為に関しては，典型的には，失踪者Aの配偶者BがCと再婚した場合に，後に失踪宣告が取り消されたとき，Bの旧婚，新婚の効力はどうなるかという形で問題となります。32条1項後段の「善意」については，財産上の行為のような取引の安全は問題とならないので，BC双方の善意が必要だと考えられています。

32条1項後段を適用すれば，新婚の当事者（BとC）の双方が善意の場合には新婚は効力を失いません。従来の通説は，新婚があるので，旧婚の効力は復活しないとしていました。新婚の当事者が悪意の場合は，失踪宣告の取消しにより旧婚は復活し，新婚が存在することにより離婚原因があることになり，他方，新婚は当然には無効とならず，重婚として取り消し得る婚姻となるとします。

これに対し有力説は，そもそも婚姻には32条1項後段の適用がないので，AB間の婚姻（旧婚）は復活せず，BC間の婚姻（新婚）のみ有効となるとします。さらに近時は，当事者が選択できるようにすべきとの主張もあります。

このように，解釈論として一定の主張がなされているものの，当事者の意思を最大限尊重する処理が望ましいことは否定できません。そこで，夫婦の氏，離婚原因，待婚期間などの婚姻法の改正の議論の際，この点についても検討の対象となりました。結論として，重婚状態を生じさせないため，一律に，失踪宣告を受けた者の配偶者が再婚したときは，再婚後になされた失踪宣告の取消しは，前婚の解消の効力に影響を及ぼさないという案が示されました。再婚をした当事者の意思を尊重するものといえましょう。

2.3 認定死亡

　水難，火災その他の事変によって死亡した者がある場合に，その取調べをした官庁または公署は，死亡地または死亡者の本籍地の市町村長に死亡の報告をしなければなりません（戸籍法89条参照）。死体がない場合も含まれます。これにより，法律上，死亡したものとされ，その旨，戸籍に記載されます（戸籍法15条）。認定死亡が誤っていた場合は，有力説は，32条1項後段の類推適用を主張します。

3 意思能力・行為能力

3.1 意思能力

　売買契約を締結した当事者は，なぜ目的物を引き渡し，代金を支払わなければならないのでしょうか。19世紀ドイツの学者は自らの判断に基づきそうすることを欲したからだと説明しました。これを**意思理論**といいます。意思理論は**意思能力**の法理を導きます。意思理論では行為者の正常な判断能力が前提となります。行為者に正常な判断能力がなければ法律行為は無効となります。このことについて，従来は当然のことと考え民法には条文がありませんでしたが，民法（債権関係）改正に伴い，「法律行為の当事者が意思表示をした時に意思能力を有しなかったときは，その法律行為は，無効とする」（3条の2）として明文の規定が置かれました。

　意思能力とは，最低限の正常な意思決定能力をいいます。年齢でいうと具体的に何歳とはいえませんが，6〜7歳くらいの知能が基準とされます。

　古い判例（大判明治38年5月11日民録11輯706頁〈百選Ⅰ5〉）には，禁治産宣告（現在の成年後見審判にほぼ相当します）を受けていませんでしたが，意思能力を有しない状態での手形の振出行為を無効としたものがあります。3条の2の内容は，当然のことと考えられていました。

3.2 行為能力

3.2.1 行為能力制度の趣旨

> **Case 5-3**
> 18歳のAは，勝手に祖父から遺贈を受けた高価な掛け軸を処分してお金に代え，遊興費に使ってしまった。父Bはなんとか掛け軸を取り戻したい。Bのとり得る手段は何か？

意思能力の有無は，外観から一目瞭然ではなく，その有無の証明は容易でありません。結局，個別具体的に判断するしかありません。そこで，このような意思能力制度の不完全さを補う別の制度として，行為能力制度があります。**行為能力**は，単独で確定的に有効な法律行為をなし得る能力をいいます。民法は，行為能力制度として，未成年者，成年被後見人，被保佐人，被補助人の4つの制限行為能力者を定めています。

3.2.2 未成年者

(1) 未成年者の意義

民法は年齢20歳をもって成年とすると定めます（4条）。また，未成年者は婚姻すると成年者とみなされます（753条）。

(2) 未成年者の法定代理人

未成年者の法定代理人は，未成年者の父母（親権者）（818条，824条），未成年後見人（838条1号，859条1項）です。法定代理人は，未成年者の法律行為を代理します。

(3) 未成年者の行為能力

未成年者が法律行為をするには，その法定代理人の同意を得なければなりません（5条1項）。法定代理人の同意を得ずに法律行為を行った場合，取り消すことができる行為となります（5条2項）。取り消すことができる者（取消権者）は，未成年者とその親権者，承継人です（120条1項）。取り消された行為は，初めから無効であった（遡及的無効）とみなされます（121

条)。これにより，当事者は原状回復義務を負います（121条の2第1項）。ただし，行為の時に意思能力を有しなかった者，制限行為能力者は，その行為によって現に利益を受けている限度（現存利益）において返還の義務を負います（121条の2第3項）。これにより，相手方は不利益を被る可能性がありますが，意思能力，制限行為能力の制度は，判断力の不十分な者を保護するための制度であり，やむを得ないとされています。

Case 5-3 では，Bは未成年者の親権者（法定代理人）としてAの法律行為（契約）を取り消すことができます。取り消された行為は，遡って無効となりますので，売買契約の当事者はそれぞれ返還義務を負います。これにより，Bは掛け軸を取り戻すことができます。Aの返還の範囲は現存利益に限られます。

民法は，例外的に未成年者が単独で法律行為ができる場合を定めています。第1に，未成年者が単に権利を得，または義務を免れる法律行為（5条1項ただし書き）です。第2に，法定代理人が目的を定めて処分を許した財産は，その目的の範囲内において，未成年者が自由に処分することができます。目的を定めないで処分を許した財産を処分するときも，同様です（5条3項）。第3に，一種または数種の営業を許された未成年者は，その営業に関しては，成年者と同一の行為能力を有します（6条1項）。未成年者がその営業に堪えることができない事由があるときは，その法定代理人は，その許可を取り消し，またはこれを制限することができます（6条2項）。

3.2.3 成年被後見人

(1) 成年被後見人の意義

精神上の障害により事理を弁識する能力を欠く常況にある者については，家庭裁判所は，本人，配偶者，四親等内の親族，未成年後見人，未成年後見監督人，保佐人，保佐監督人，補助人，補助監督人または検察官の請求により，後見開始の審判をすることができます（7条）。後見開始の審判を受けた者は，成年被後見人とし，これに成年後見人を付します（8条）。

(2)成年被後見人の法定代理人

家庭裁判所は，後見開始の審判をするときは，職権で成年後見人を選任します（843条1項）。成年後見人は，成年被後見人の財産を管理し，かつ，その財産に関する法律行為について成年被後見人を代表します（859条1項）。後見人には欠格事由があります（847条）。

(3)成年被後見人の行為能力

成年被後見人の法律行為は取り消すことができます（9条本文）。ただし，日用品の購入その他日常生活に関する行為については，取り消すことができません（9条ただし書き）。自己決定の観点から日常生活に関する例外が設けられました。日常生活については761条の「日常の家事」を参照できるとする見解もあります。

成年被後見人は，成年後見人の同意を得ても単独では有効な法律行為ができないのが原則で，そのような法律行為も取消可能です。この点で，未成年者の場合と異なります。ただ，成年被後見人を使者（第9章2.1参照）として成年後見人が法律行為をしたとみられる場合には，成年後見人自身の行為と評価されます。

(4)後見開始の審判の取消し

後見開始の審判の原因が消滅したときは，家庭裁判所は，本人，配偶者等の利害関係人または検察官の請求により，後見開始の審判を取り消さなければなりません（10条）。

Column　制限行為能力者制度の改正

民法立法当初は，未成年者に加え，禁治産者，準禁治産者，妻が「行為無能力者（または単に無能力者）」とされていました。戦後の改正で妻が除かれました。平成に入り，高齢者問題対処の一環として，形式的にはネガティブな印象のある名称を変更し，また戸籍に記載しないなど，制度利用の事実上の障害を取り除くとともに，実質的にも自己決定の尊重を重視し，ある程度本人の自立を認めつつ必要かつ十分な保護となる改正が行われました。包括的な呼び方も「制限行為能力者」に改められました（用語として，20条参照）。

中央経済社
ベーシック+プラス
Basic Plus

いま新しい時代を切り開く基礎力と応用力を兼ね備えた人材が求められています。
このシリーズは、社会科学の各分野の基本的な知識や考え方を学ぶことにプラスして、
一人ひとりが主体的に思考し、行動できるような「学び」をサポートしています。

Let's START!

学びにプラス！
成長にプラス！
ベーシック＋で
はじめよう！

中央経済社

1 あなたにキホン・プラス！

その学問分野をはじめて学ぶ人のために、もっとも基本的な知識や考え方を中心にまとめられています。大学生や社会人になってはじめて触れた学問分野をもっと深く、学んでみたい、あるいは学びなおしたい、と感じた方にも読んでもらえるような内容になるよう、各巻ごとに執筆陣が知恵を絞り、そのテーマにあわせた内容構成にしています。

2 各巻がそれぞれ工夫している執筆方針を紹介します

2.1 その学問分野の全体像がわかる

まず第1章でその分野の全体像がわかるよう、〇〇とはどんな分野かというテーマのもと概要を説明しています。

2.2 現実問題にどう結びつくのか

単に理論やフレームワークを紹介するだけでなく、現実の問題にどう結びつくのか、問題解決にどう応用できるのかなども解説しています。

2.3 多様な見方を紹介

トピックスによっては複数の見方や立場が並存していることもあります。特定の視点や主張に偏ることなく、多様なとらえ方、見方を紹介しています。

2.4 ロジックで学ぶ

学説や学者名より意味・解釈を中心にロジックを重視して、「自分で考えることの真の意味」がわかるようにしています。

2.5 「やさしい本格派テキスト」

専門的な内容でも必要ならば逃げずに平易な言葉で説明し、ただの「やさしい入門テキスト」ではなく、「やさしい本格派テキスト」を目指しました。

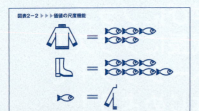

〈直感的な図表〉
図表を用いたほうが直感的にわかる場合は積極的に図表を用いています。

(5)任意後見

任意後見契約とは，委任者が受任者に対し精神上の障害により事理を弁識する能力が不十分な状況における自己の生活，療養看護および財産の管理に関する事務の全部または一部を委託し，その委託に係る事務について代理権を付与する委任契約であって，家庭裁判所によって任意後見監督人が選任された時からその効力を生ずる旨の定めのあるものをいいます（任意後見契約に関する法律（以下，この項で「法」といいます）2条1号）。この契約は，公正証書によってしなければなりません（法3条）。受任者は「任意後見受任者」となり，任意後見監督人が選任されることにより「任意後見人」となります。

この制度により，将来，自己が認知症などで正常な判断ができなくなることに備え，そうなる前に契約で対処できることになります。

3.2.4 被保佐人

(1)被保佐人の意義

精神上の障害により事理を弁識する能力が著しく不十分である者については，家庭裁判所は，本人，配偶者，四親等内の親族，後見人，後見監督人，補助人，補助監督人または検察官の請求により，保佐開始の審判をすることができます（11条本文）。ただし，後見開始の原因がある者については，保佐開始の審判をすることができません（11条ただし書き）。保佐開始の審判を受けた者は，被保佐人とし，これに保佐人を付します（12条）。

(2)保佐人

保佐人は13条1項各号に列挙された行為について被保佐人に同意を与える権限を有します。また，家庭裁判所は利害関係人の請求によって被保佐人のために特定の法律行為について保佐人に代理権を付与する旨の審判をすることができます（876条の4第1項）。本人以外の者の請求によってこの審判をするには，本人の同意がなければなりません（876条の4第2項）。保佐人に代理権を与える審判がなければ保佐人に代理権はありません。

(3)被保佐人の行為能力

　被保佐人は 13 条 1 項に列挙された行為について保佐人の同意を要します（13 条 1 項柱書き）。ただし，日用品の購入その他日常生活に関する行為については保佐人の同意は必要ありません（13 条 1 項ただし書き）。また，同意を要する行為は家庭裁判所の審判により追加できます（13 条 2 項）。

　保佐人の同意を得なければならない行為について，保佐人が被保佐人の利益を害するおそれがないにもかかわらず同意をしないときは，家庭裁判所は被保佐人の請求により保佐人の同意に代わる許可を与えることができます（13 条 3 項）。保佐人の同意を得なければならない行為であって，その同意またはこれに代わる許可を得ないでしたものは取り消すことができます（13 条 4 項）。

　古くは，条文に明確な文言がなく，被保佐人（準禁治産者）が保佐人の同意を得ずに行った取り消し得る法律行為を保佐人が取り消し得るかという問題がありました。現在は，120 条の取消権者に同意権者が明記されたので，保佐人が取り消し得ることが明確になりました。

(4)保佐開始の審判の取消し

　保佐開始の原因が消滅したときは，家庭裁判所は，本人，配偶者等の利害関係人または検察官の請求により，保佐開始の審判を取り消さなければなりません（14 条 1 項）。また，家庭裁判所は，同様の者の請求により，同意を得なければならない行為の追加の審判の全部または一部を取り消すことができます（14 条 2 項）。

3.2.5　被補助人

(1)被補助人の意義

　精神上の障害により事理を弁識する能力が不十分である者については，家庭裁判所は，本人，配偶者，四親等内の親族，後見人，後見監督人，保佐人，保佐監督人または検察官の請求により，補助開始の審判をすることができます（15 条 1 項本文）。ただし，後見または保佐開始の原因がある者については，補助開始の審判をすることができません（15 条 1 項ただし書き）。本人

以外の者の請求により補助開始の審判をするには，本人の同意がなければなりません（15条2項）。補助開始の審判は，被補助人が特定の法律行為をするにはその補助人の同意を得なければならない旨の審判（17条1項の審判）または被補助人のために特定の法律行為について補助人に代理権を付与する旨の審判（876条の9第1項の審判）とともにしなければなりません（15条3項）。特定の法律行為について同意を得なければならないとする審判を本人以外の者の請求によりするには，本人の同意がなければなりません（17条2項）。補助人の同意を得なければならない行為について，補助人が被補助人の利益を害するおそれがないにもかかわらず同意をしないときは，家庭裁判所は，被補助人の請求により，補助人の同意に代わる許可を与えることができます（17条3項）。補助開始の審判を受けた者は，被補助人とし，補助人を付します（16条）。

(2)補助人

補助人は補助開始の審判に定められた同意または代理をする権限を有します。

(3)被補助人の行為能力

被補助人は，13条1項に規定される行為のうち審判により同意を要するとされた行為をする場合には，補助人の同意を要します（17条1項）。補助人の同意を得なければならない行為であって，その同意またはこれに代わる許可を得ないでしたものは，取り消すことができます（17条4項）。

(4)補助開始の審判の取消し

補助開始の原因が消滅したときは，家庭裁判所は，本人，配偶者等の利害関係人または検察官の請求により，補助開始の審判を取り消さなければなりません（18条1項）。また，家庭裁判所は，同様の者の請求により，17条1項の審判の全部または一部を取り消すことができます（18条2項）。17条1項の審判および876条の9第1項の審判をすべて取り消す場合には，家庭裁判所は，補助開始の審判を取り消さなければなりません（18条3項）。

3.2.6 審判相互の関係

後見開始の審判をする場合において，本人が被保佐人または被補助人であるときは，家庭裁判所は，その本人に係る保佐開始または補助開始の審判を取り消さなければなりません（19条1項）。保佐開始の審判をする場合において本人が成年被後見人もしくは被補助人であるとき，または補助開始の審判をする場合において本人が成年被後見人もしくは被保佐人であるときも同様です（19条2項）。

3.3 制限行為能力者の相手方の保護

制限行為能力者が単独でなした行為は，（意思能力がある限り）一応有効です。しかし，取消しが可能であるので，相手方は，不安定な状況に置かれます。追認があれば有効に確定し，取り消されれば無効に確定します。相手方としては，どちらかに決めて欲しいと考えるでしょう。

3.3.1 催告権

制限行為能力者の相手方は，その制限行為能力者が行為能力者（行為能力の制限を受けない者）となった後，その者に対し，1か月以上の期間を定め

Column　なぜ催告権は「権利」か

仮に催告したにもかかわらず，通知先から返事が来ない場合でも，一定の効果（追認あるいは取消し）が生ずるからです。返事がない場合の効果については，①通知を受けた者が法定代理人か能力者の場合は追認があったものとみなされる，②後見監督人がいるなど特別の方式が必要な場合は取り消されたものとみなされる，③通知を受けた者が被保佐人・17条1項の審判を受けた被補助人である場合は取り消されたものとみなされるとなっており，⑴単独で行為をなし得る者に対する催告の場合は，追認したものとみなす，⑵単独では行為をなし得ない者に対する催告の場合は，取り消したものとみなすとなっています。

て，その期間内にその取り消すことができる行為を追認するかどうかを確答すべき旨の催告をすることができます（20条1項前段）。この場合に，その者がその期間内に確答を発しないときは，その行為を追認したものとみなされます（20条1項後段）。制限行為能力者の相手方が，制限行為能力者が行為能力者とならない間に，その法定代理人，保佐人または補助人に対し，その権限内の行為について催告をした場合において，これらの者が定められた期間内に確答を発しないときも同様です（20条2項）。特別の方式を要する行為については，定められた期間内にその方式を具備した旨の通知を発しないときは，その行為を取り消したものとみなされます（20条3項）。

制限行為能力者の相手方は，被保佐人または17条1項の審判を受けた被補助人に対しては，定められた期間内にその保佐人または補助人の追認を得るべき旨の催告をすることができます。この場合において，その被保佐人または被補助人がその期間内にその追認を得た旨の通知を発しないときは，その行為を取り消したものとみなされます（20条4項）。

3.3.2 詐 術

> Case 5-4
> 18歳のCは，年会費36万円のDスポーツクラブの会員になるにあたり，未成年者は両親の同意を得ることになっているにもかかわらず，免許証の誕生日の欄を変造し，21歳であるかのように見せかけて契約を結んだ。しかし，Cは，自分には不要だと思い直した。Cは，契約を取り消すことができるか？

制限行為能力者が行為能力者であることを信じさせるため詐術を用いたときは，その行為を取り消すことができません（21条）。立法者は，詐術とは「能力を有する旨を明言すること」としていましたが，法定代理人の同意を得ていると信じさせる場合も含まれると解されます。沈黙が詐術にあたるかについては議論があります。単なる黙秘は詐術ではありませんが，他の言動と相まって相手方の誤信を強めるような場合は詐術にあたるとする判決があります（最判昭和44年2月13日民集23巻2号291頁）。

Case 5-4 では，Cは，詐術を用いたので，取り消すことができません。

3.4 取消権行使の行使制限

取消権の行使については，後にまとめて学びます。ここでは，取消権の行使ができなくなる場合を見ておきます。

3.4.1 法定追認

追認がなされなくても，125条に定められた事由が生ずると追認したものとみなされます。これにより，取消権を行使できなくなります。追認のところで詳しく学びます（第11章3.5）。

3.4.2 取消権の期間制限

取消権の行使には，短期，長期の期間制限があります。期間が経過すると，取消権を行使できなくなります（126条）。取消しのところで詳しく学びます（第11章3.2.4）。

3.5 制限行為能力制度の適用範囲

3.5.1 身分行為

本人の意思を尊重する必要があるため，身分行為には制限行為能力者の制度はそのまま適用されません。たとえば，成年被後見人は自己の意思で婚姻できます（738条）。また，遺言は15歳以上ですることができ（961条，962条），成年被後見人は，事理弁識能力を一時的に回復していれば遺言をすることができます（973条，962条）。

3.5.2 労働契約

親権者または後見人は，未成年者に代わって労働契約を締結できません（労働基準法58条1項）。未成年者は，独立して賃金を請求することができ，親権者または後見人は，未成年者に代わって賃金を受領できません（労働基

準法59条）。子から搾取しようとする親らの行為を防ぐ趣旨です。

4 住　所

ある人の住所がどこにあるのかが法律上，問題となることがあります（たとえば，484条1項の弁済の場所）。以下では住所についてみてみましょう。

(1)住所の意義

各人の生活の本拠をその者の**住所**とします（22条）。住所は1つでなければならないとする単独説もありますが，複数あってもよいとする複数説（法律関係基準説）が通説です。

(2)居　所

居所とは，人が一定の期間継続して居住しているが，その場所との密接度が住所ほど濃くないものをいいます。住所が知れない場合には，居所を住所とみなします（23条1項）。

(3)仮住所

仮住所とは，取引にあたり当事者がある行為についてある場所を選定し，これを住所と扱うとした場所をいいます。ある行為について仮住所を選定したときは，その行為に関しては，その仮住所を住所とみなします（24条）。

5 不在者の財産管理

(1)不在者の意義

不在者とは，従来の住所や居所を去り，しばらく帰ってくる見込みのない者をいいます。生死不明であることは要しません。この点で，失踪者とは異なります。

(2)不在者の財産管理

不在者が財産管理人（以下，「管理人」という）を置いたか否かにより，

不在者の財産管理が異なります。不在者が管理人を置いていれば，その管理人が管理します。不在者が管理人を置かなかったときは，家庭裁判所は，利害関係人または検察官の請求により，その財産の管理について必要な処分を命ずることができます（25条1項前段）。本人の不在中に管理人の権限が消滅したときも，同様です（25条1項後段）。家庭裁判所の命令の後，本人が管理人を置いたときは，家庭裁判所は，その管理人，利害関係人または検察官の請求により，その命令を取り消さなければなりません（25条2項）。不在者が管理人を置いた場合において，その不在者の生死が明らかでないときは，家庭裁判所は，利害関係人または検察官の請求により，管理人を改任することができます（26条）。

家庭裁判所が選任した管理人は，その管理すべき財産の目録を作成しなければなりません（27条1項前段）。この費用は，不在者の財産の中から支弁します（27条1項後段）。不在者の生死が明らかでない場合において，利害関係人または検察官の請求があるときは，家庭裁判所は，不在者が置いた管理人にも，目録の作成を命ずることができます（27条2項）。これらのほか，家庭裁判所は，管理人に対し，不在者の財産の保存に必要と認める処分を命ずることができます（27条3項）。

管理人は，権限の定めのない代理人に認められる権限（103条参照）を超える行為を必要とするときは，家庭裁判所の許可を得て，その行為をすることができます（28条前段）。不在者の生死が明らかでない場合において，その管理人が不在者が定めた権限を超える行為を必要とするときも，同様です（28条後段）。

Working　　　　　　　　　　　　　　　　　　　調べてみよう

1. 「みなす」「推定する」という法律用語を調べ，明確に区別して説明してみましょう。
2. 「出生」の定義に，なぜ民法と刑法とで違いがあるのかを考えてみましょう。

Discussion　　　　　　　　　　　　　　　　　　議論しよう

1. 以下のものが現存利益にあたるかを話し合ってみましょう。
   ①得た財産が原形のまま存在する
   ②買い換え，預金など，形を変えて存在する
   ③得た財産を元手に増やした財産が存在する
   ④得た財産を浪費し，財産がない
   ⑤生活費に充て，消費したので財産がない
2. Aは名古屋で下宿し，郷里から仕送りを受けて大学へ通学していますが，ときおり帰省しています。Aの住所は，下宿地でしょうか，あるいは郷里の実家所在地でしょうか。この問いの実益があるかも考えてみましょう。

第6章 権利の主体（法人）と権利の客体（物）

Learning Points
▶自然人以外で権利を持ったり，義務を負ったりできる者があります。「法人」です。本章では，なぜ自然人以外の法人が認められるのか，法人とはどのようなものかを学びます。
▶物権により物が支配されます。支配される対象である「物」とは何かを学びます。

Key Words
法人　権利の客体　物　有体物　不動産　動産　主物　従物　元物　果実

1　法　人

1.1　法人の意義

　自然人の他に権利義務の主体となれるものがあれば便利です。たとえば，団体が権利義務の主体となれれば，団体の財産の帰属を明確にし，団体が締結する契約などの関係を単純化することができます。

1.1.1　権利主体としての法人

> Case 6-1　Aは新興宗教「愛と勇気教」を興したので，信者のお布施で買った土地・建物を「愛と勇気教」の名義で登記したい。「愛と勇気教」名義の登記ができるか？

　法人とは，自然人以外の団体・組織，財産の集合で，法律上，権利・義務

の主体となれる者をいいます。民法には，法人の本質を規定する条文はありませんが，社団法人（一定の組織を有する「人の集合」）と財団法人（一定の目的のために捧げられた「財産の集合」）に区別できます。

　法人の存在理由としては，①団体の活動の必要性，②団体の取引と個人の取引の区別のための財産管理主体の創設，③法人の財産と個人の財産の区別のための責任財産の分別，があげられます。①は事実上の理由で，これにより②③の法的技術が考案されたことになります。②③により団体を取り巻く法理関係を単純化，明確化することができます。

　Case 6-1 では，Aは，「愛と勇気教」が実体のある宗教団体であり，宗教法人法の要件を満たせば（登記も含む），宗教法人を設立することができ，宗教法人の名義で土地・建物を登記することが可能です。

(1)取引における法律関係の単純化，明確化

　団体として行動するときは，団体の取引と構成員の取引を区別する必要があります。法人制度がなければ，団体の行為としては，その構成員全員の名で取引する必要があることになりかねません。これはかなり煩雑です。団体の名で行為できれば，団体取引をめぐる法律関係を単純化・明確化することができます。

(2)財産帰属における法律関係の単純化，明確化

　団体として行動するときは，団体の財産と構成員の財産を区別する必要があります。法人制度がなければ，団体と個人の責任財産の分別ができません。団体の財産と構成員の財産を区別できれば，団体財産の帰属をめぐる法律関係を単純化，明確化できます。

1.1.2　類似の制度

(1)組　合

　民法では，**組合**は各当事者が出資して，共同事業を営むことを約する契約として規定されています（667条1項）。組合財産は組合員の共有となり（668条），組合の債務は，組合財産が引当てになりますが（675条1項），組合員個人も責任を負います（675条2項）。

(2) 信　託

信託は主として財産を分離・独立して管理・運用するために利用されます。管理者が相手方と取引し，委託者は信託財産以外には責任を負いません。人の団体ではなく，財産が独立した扱いを受けます。信託では出資者は1人でもよいですが，出資者が数人ある場合には財団法人と類似します。

1.1.3　法人格否認の法理

法人が設立され，形式的には別の法主体となっているにもかかわらず，実質的には，その法人を独立した主体と扱うのが妥当でない場合があります。このような場合に，法人に法人格がないと扱うための法理が**法人格否認の法理**です。実際には，個人事業を名ばかりの法人としているだけの場合や親子会社で法人格が不正の目的のための「隠れみの」として濫用されている場合のように，会社法上，問題が生じることが多いです。

判例では，賃貸借契約が解除された際，実質上，従来の会社と異ならない新会社を設立し，所有者が変わったとして居室の明渡しを拒んだ場合（法形式の濫用；最判昭和48年10月26日民集27巻9号1240頁），代表取締役個人が和解したが，法人は和解していないと主張した場合（法人格の形骸化；最判昭和44年2月27日民集23巻2号511頁）に，法人格の否認を認めました。

1.1.4　法人論

法人の本質が何であるかについては，かつては大問題として盛んに議論されました。現在は，法人実在説が通説で，実際の処理は法人実在説を前提としているといえますが，構成員の独立性の観点から法人擬制説が見直されています。いずれにしても，それぞれの説は，法人論に内在する課題を担って登場しており，主張された時期を含めて考えれば，同一平面で是非を論ずるのは，あまり意味がありません。以下では，法人学説を大きく分けて説明するにとどめます。

(1) **法人擬制説**

社会的に存在する団体は、実体のない観念的存在であり、法人格を有するのは、本来は、自然人のみであり、法人は擬制である、と法人擬制説は主張します。法人の代表は、代理権の範囲が包括的な代理であり、法人の自然人を通じて活動し、法によって効果（権利義務）が法人に帰属するとします。

(2) **法人否認説**

実質上の主体は構成員もしくは受益者（享受者主体説）、または財産の管理者（管理者主体説）、または財産そのもの（目的財産説）であり、権利・義務は、個人に帰属する、と法人否認説は主張します。

(3) **法人実在説**

法人は実質的に法的主体であり、社会的実在である、と法人実在説は主張します。法人は、団体意思を有する社会的有機体（有機体説）、または権利主体たるに適する法律上の組織体（組織体説）、または独立の社会的作用を担当する集団（社会的作用説）で、権利・義務は、法人に帰属する、とします。自然人が法人の手足になって行動することになります。代理ではありませんが、制度的には代理を利用し、法人の特殊性に応じた解釈をすることになります。

1.1.5 法人の種類

(1) **社団法人・財団法人**

社団法人と**財団法人**との一番大きな違いは、構成員の有無です。人を要素とするか否かの相違です。もちろん、社団法人にも、物的要素として財産が必要で、財団法人にも、財産を運用する自然人が必要です。その意味では、両者の限界は、絶対的でなく、相対的ではあります。

(2) **営利法人・非営利法人・公益法人**

営利法人は金銭的利益を得て構成員に分配することを目的とする法人です。非営利法人は、そうでない法人です。**非営利法人**は構成員に利益を分配しないというだけで、収益事業ができないわけではありません。**公益法人**は不特定多数人の利益を目的とする法人で、非営利法人のうち公益認定を受けたも

図表6−1 ▶▶▶現在の法人制度

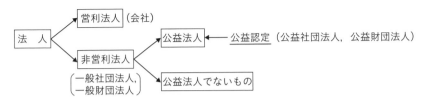

のです（図表6−1）。なお，学校法人や宗教法人など，特別法に基づいて設立される法人が多数あります。

> **Case 6-2** 大学のかるた同好会「かきつばた」の運営を任されているBは，同好会の会費・OB/OGからの寄付で買った土地・建物を同好会名義で登記したい。「かきつばた」名義の登記ができるか？

法人制度は，長らく営利法人，公益法人を中心とし，営利も公益も目的としないものは法人になれませんでした。その後，NPO法人法が立法されたりもしましたが，不都合を広く解消するため，営利も公益も目的としないものを中間法人として法人とする道を拓きました（中間法人法）。現在では，一般社団・財団法人法により法人の設立を容易にした上で中間法人法を廃止しています。非営利法人は，一般社団法人，一般財団法人として設立でき，このうち，「公益社団法人及び公益財団法人の認定等に関する法律」により公益認定を受けた法人が公益法人となります。

Case 6-2 では，古くは，営利も公益も目的としない団体の法人化が認められず，法人でない団体名義での登記ができませんでしたが，現在は，法人の設立が比較的容易になっています。Bは，同好会を法人化し，一般社団法人となった同好会名義で土地・建物を登記することが可能です。

(3)無限責任法人・有限責任法人

無限責任法人では，法人債務について構成員の個人財産が引当てになります。**有限責任法人**では，法人債務の引当てになるのは法人財産のみで，構成員個人については出資した分のみに責任が限られます。

1.2 法人の設立

1.2.1 法人設立のあり方

　法人は，民法その他の法律の規定によらなければ，成立しません（33条1項）。また，学術，技芸，慈善，祭祀，宗教その他の公益を目的とする法人，営利事業を営むことを目的とする法人その他の法人の設立，組織，運営および管理については，民法その他の法律の定めるところによります（33条2項）。これを，**設立法定主義**といいます。

　いかなる要件の下，法人の設立を認めるかについては，以下のような考え方があります。

(1) **許可主義**

　許可主義は，設立を許可するかどうかを主務官庁の自由裁量に委ねるものです。以前の公益法人について採用されていました。

(2) **認可主義**

　認可主義は，法律の定める要件を具備し，主務官庁の認可を受けることによって法人が設立されるとするものです。要件を満たしていれば，主務官庁は，必ず認可しなければならない点で，許可と異なります。

(3) **準則主義**

　準則主義は，法律の定める一定の組織を具備した場合，当然に法人とするものです。会社や一般社団法人，一般財団法人について採用されています（一般社団法人及び一般財団法人に関する法律（以下，「一般法人法」といいます）22条）。これによるときは，自主的，自律的な情報公開とアカウンタビリティ（説明責任）が求められます。また，設立登記が要件となります。

(4) **自由設立主義**

　自由設立主義は，国家の関与なしに，法人の設立を認めるものです。33条に反するため，わが国では例がありません。

(5) **特許主義**

　特許主義は，法人を設立するために特別の法律の制定を必要とするもので

す。日本銀行，日本郵便，NTT，JR などについて採用されています。

(6)強制主義

強制主義は，国家が法人の設立または法人への加入を強制するものです。たとえば，弁護士会について採用されています。

(7)公益法人のあり方

公益社団法人，公益財団法人の公益認定は，法人の設立とは直接は関係ありません。公益社団法人，公益財団法人は，もともと一般社団法人，一般財団法人として設立されている法人について公益認定をするものです（公益社団法人及び公益財団法人の認定等に関する法律5条）。これは，法人の設立ではありません。公益認定が得られなくても，法人としては存在しています。

1.2.2 法人の設立手続

(1)一般社団法人の設立

一般社団法人の設立要件は，以下のとおりです（一般法人法10条以下）。①定款を作成し，②定款の認証を受け，③設立登記をします。法人の目的は，非営利である必要があり，加えて情報公開が求められます。

(2)一般財団法人の設立

一般財団法人の設立要件は，以下のとおりです（一般法人法152条以下）。①定款を作成し，②定款の認証を受け，③財産を拠出し，④設立登記をします。法人の目的は，非営利である必要があり，加えて情報公開が求められます。

1.3 法人の機関（内部組織）

法人は法的主体であるものの，行動するためには自然人が行動する必要があります。法人が意思を決定し，法的に行動するための組織を法人の機関といいます。

1.3.1 一般社団法人の機関

社員は一般社団法人の基礎的構成要素で，社員総会は意思決定機関です。社員は社員総会を通じ意思を発動します。社員総会は必須機関です（一般法人法 35 条以下参照）。

理事（代表理事を定めた場合は，その者のみ）は法人の業務を執行し，法人を代表します。理事の最低人数は 1 人ですが，理事会を置いた場合は 3 人以上でなければなりません。理事は業務執行の決定，代表理事等の職務の監視を担う理事会を構成します。理事は必須機関です（一般法人法 76 条以下参照）。

理事会は任意機関ですが，公益法人では必須です。理事会は，すべての理事で構成され，業務執行の決定，理事の監督，代表理事の選定・解職を行います（一般法人法 90 条以下参照）。

監事は理事の職務執行を監査します。監事は任意機関ですが，理事会設置および会計監査人設置のものは必須機関です（一般法人法 99 条以下参照）。

会計監査人は会計書類等を監査します。会計監査人は任意機関ですが，大規模のものは必須機関です（一般法人法 107 条以下参照）。

1.3.2 一般財団法人の機関

一般財団法人の機関には以下のようなものがあります（一般法人法 170 条以下）。

評議員は評議員会を構成します。評議員は 3 人以上でなければなりません。評議員は必須機関です（一般法人法 172 条 1 項，173 条以下参照）。

評議員会は一般財団法人の意思決定機関です。評議員会は必須機関です（一般法人法 178 条以下参照）。

理事の職務は一般社団法人の場合に準じます。一般財団法人では理事会が必須機関なので 3 人以上必要です。理事は必須機関です（一般法人法 179 条で一般社団法人の規定が準用されます）。

理事会は必須機関です（一般法人法 179 条で一般社団法人の規定が準用さ

理事会は，すべての理事で構成され，業務執行の決定，理事の監督，代表理事の選定・解職を行います。

監事の職務は一般社団法人の場合に準じます。監事は必須機関です（一般法人法179条で一般社団法人の規定が準用されます）。

会計監査人の職務は一般社団法人の場合と同様です。会計監査人は任意機関，ただし大規模のものは必須機関です（一般法人法179条で一般社団法人の規定が準用されます）。

1.3.3 任務懈怠

理事，監事，会計監査人，評議員が任務を怠り，法人に損害が生じた場合には，法人に対し，損害賠償義務を負います（一般法人法111条，198条）。

1.4 法人の対外関係

1.4.1 法人の権利能力の範囲

法人は，法令の規定に従い，定款その他の基本約款で定められた目的の範囲内において，権利を有し，義務を負います（34条）。

> **Case 6-3** 営利法人Ｃの代表者Ｄは，政党Ｅに政治献金した。Ｃの定款には，法人の目的として「政治献金」は記載されていない。Ｃの政治献金は有効か？

(1) **法令による制限**

いくつかの例をあげます。法人は他の一般社団法人または一般財団法人の役員（理事・監事）になれません（一般法人法65条1項1号，177条）。清算をする一般社団法人または一般財団法人は清算の目的の範囲内において清算が結了するまではなお存続するものとみなされます（一般法人法207条）。

(2) **性質による制限**

法人は，自然人と異なり，生命，肉体を有しませんので，性，年齢はなく，

生命，身体，親族関係等に関する権利，義務は，享有することができず，相続もありません。ただし，相続と類似しますが（民法990条参照），法人も包括受遺者(ほうかつじゅいしゃ)になれ，また成年後見人となることができます（843条4項）。

法人には感情がありませんので，精神的苦痛の損害賠償請求はできません（東京控判昭和12年2月24日法律新報466号11頁）が，名誉毀損に対する損害賠償請求については，法人に名誉感情はないものの非財産的な損害で金銭評価が可能な無形の損害があり得るので，認められます（最判昭和39年1月28日民集18巻1号136頁。710条も参照）。

(3) 目的による制限

目的による制限がいかなる制限かについては議論があります。権利能力が制限されるとする説（権利能力制限説）は，目的の範囲外の行為は絶対的に無効だとし，相手方による表見代理の主張，法人による無権代理の追認を認めません。従来の通説・判例です。

目的によって権利能力が制限されるのは，目的の範囲外の行為によって法人が財産を失ったり，義務を負わされたりするのを防止するためです。権利能力制限説によると，相手方が不利益を被るおそれがあり，相手方の信頼が保護されません，また，必ずしも法人が利益を得るとは限りません。

これに対し，目的の範囲によって制限されているのは，権利能力でなく，理事の代表権の範囲であるとする説（代表権制限説）は，理論上，表見代理，無権代理人の責任を認めます。

判例は，基本的に権利能力制限説ですが，相手方の保護のため目的の範囲を拡大し，また営利法人と非営利法人で異なる考え方を採っています。

営利法人について，初期の判例は，「目的の範囲」を厳格に解していましたが，その後の判例は，34条が会社に適用されることを前提として，目的には法人の目的遂行に直接・間接にかかわるものが含まれ，当該行為が法人の目的を達するのに必要か否かによるとし，会社の政治献金も目的の範囲内に含まれるとしました（最大判昭和45年6月24日民集24巻6号625頁）。具体的には，当該法人を認める法の趣旨，法人の事業の内容などにより個別に判断することになります。これにより，営利法人か，非営利法人かは「目

的の範囲内」の判断に大きな影響を与えることになるとともに，営利法人では「目的の範囲内」による権利能力制限は，判例の解釈によってほとんど有名無実となっているといえます。

Case 6-3 では，営利法人については法人の目的の範囲は緩やかに解されます。政治献金も目的の範囲内の行為となりますので，Cの政治献金は有効になされたといえます。

これに対し，非営利法人について，従来，判例で問題となったのは，協同組合等の員外貸付け（非組合員等への貸付け）です。定款において組合員への貸付けが目的とされている場合に，判例は「目的の範囲」を実質的に営利法人の場合よりも厳格に解し，貸付無効としました（最判昭和33年9月18日民集12巻13号2027頁，最判昭和41年4月26日民集20巻4号849頁，最判昭和44年7月4日民集23巻8号1347頁〈百選Ⅰ84〉，最判平成8年3月19日民集50巻3号615頁〈百選Ⅰ7〉)。ただ，一定の範囲で組合員等以外にも貸付可とされる場合もあり，この場合は問題となりません。

学説も非営利法人であることを重視し，法人の財産を守るという観点から目的の範囲を厳格に解するのが一般的です。

1.4.2 理事の代表権

(1)包括代表権

理事は法人を代表します（一般法人法77条1項本文）。理事の代表権は包括的代表権であるのが原則です。代表理事がいる場合は，代表権を持つのは代表理事のみで（一般法人法77条1項ただし書)，他の理事は代表権がありません。理事の代表権については，表見代理（第10章2参照）の特則があります（一般法人法77条5項，82条，197条)。代表行為が有効であるためには，①法律行為がなされたこと，②行為者に代表権があったこと，③顕名（法人を代表しての行為であることを示すこと）があったことが必要です。

(2)定款等による理事の代表権制限

理事の代表権には定款等により制限を加えることが可能ですが，その制限は善意の第三者に対抗することができません（一般法人法77条5項，197

条)。善意の立証責任については，判例は条文の体裁から第三者にあるとしますが，有力説は理事の代表権が包括的で，代表権があると信じるのが普通であるから，法人にあるとします。これによれば，法人が第三者の悪意を立証しなければなりません。

　第三者が制限の存在を知りつつそれを解消する手続（理事会の承認など）がとられたと信じた場合は，一般法人法77条5項の文言が「善意の第三者に」対抗できないとしているので同条の適用はありません。しかし，110条の表見代理の類推適用はあります（最判昭和60年11月29日民集39巻7号1760頁〈百選I 31〉）。

(3)法令による理事の代表権制限

　理事会が設置された一般法人においては，理事会は，たとえば，重要な財産の処分および譲受け，多額の借財，重要な使用人の選任および解任など，重要な業務執行の決定を理事に委任することができません（一般法人法90条4項，197条）。制限に反してなされた理事の行為は，原則，無効です。この場合，単なる内部制限ではありませんから，一般法人法77条5項の適用はありません。表見代理については，第三者が法令を知らないことによって保護されるのが妥当かが問題となります。正当理由の判断による調整が必要となります。

(4)利益相反による理事の代表権制限

　理事は①競業，②自己契約，双方代理，③利益相反行為をする場合には，社員総会において当該取引につき重要な事実を開示し，その承認を受けなければなりません（一般法人法84条1項，92条，197条）。①の違反については，理事は法人に対し損害賠償責任を負います（一般法人法111条1項，2項）。②③の違反については，無権代理行為として表見代理で処理されます。どこまで法人を犠牲にし，第三者を保護するかという問題にかかわります。

1.4.3　法人の不法行為責任

(1)法人の目的との関係

　法人の活動は，代表者の代表権を通じてなされます。これにより法人が利

益を享受します。不法行為をすることは法人の目的にはなり得ないので，常に「目的の範囲外」です。形式的には不法行為については法人は権利能力がないことになります。このことの不都合を回避するため，法人は代表理事その他の代表者がその職務を行うについて第三者に加えた損害を賠償する責任を負うこととされています（一般法人法78条，197条）。

(2)代表者の行為による不法行為

要件は以下のとおりです。①「代表理事その他の代表者」の加害行為であることが必要です。理事が委任した代理人や被用者は含まれません。②「職務を行うについて」他人に損害を加えたことが必要です。使用者責任を定めた715条と同様の問題があり，判例の採用する外形標準説（外形理論）は取引的不法行為にはよく妥当しますが，事実的不法行為には妥当しません。事実的不法行為には，密接関連性を問題とする関連性説（職務との関連性で判断）が妥当です。③理事等の行為が「不法行為」の要件を満たしていることが必要で，709条，710条などの要件を満たす必要があります。

(3)理事等の個人責任

法人の不法行為責任（一般法人法78条，197条）は，他人の行為について法人の責任を認めたものですので，不法行為を行った理事等が個人的に責任を負うのは当然です。

(4)その他の規定による法人の責任

法人は種々の規定により法主体として不法行為責任を負います。通常の不法行為責任（709条）に加え，使用者責任（715条），土地工作物責任（717条），運行供用者責任（自動車損害賠償保障法3条），製造物責任（製造物責任法3条）その他多数の根拠となる規定があります。

1.4.4 法人の消滅

(1)法人の解散

法人は，法律の定める一定の事由にあたる場合，解散し，消滅します。その後は，清算法人として存続します（一般法人法148条，202条）。

(2) 法人の清算

解散した法人は清算法人となり（一般法人法207条），清算しなければなりません（一般法人法206条1号）。破産の場合は，破産法に従います。清算法人には清算人を置かなければなりません（一般法人法208条1項）。

(3) 残余財産の帰属

法人の残余財産は，定款の定めるところによります。これにより定まらないときは，社員総会または評議員会の決議によります。これにより定まらないときは，国庫に帰属します（一般法人法239条）。

1.5 権利能力なき社団・財団

1.5.1 権利能力なき社団・財団の意義

団体ではあるものの法人ではないものが存在します。法人ではありませんから，法人格はなく，法主体ではありません。古くは法人となる要件が厳格でしたので，法人になりたくてもなれない団体が存在しました。**権利能力なき社団・財団**の理論は，この問題の解決のために発展しました。その後の法改正により，現在では，団体は容易に一般社団法人・財団法人となる道が拓かれています。この意味では，権利能力なき社団・財団という概念の必要性，有用性は減少しています。

1.5.2 概念の必要性（伝統的議論を含む）

> Case 6-4 実質的に権利能力なき社団の所有する土地・建物を，やむを得ず代表者Fの名義で登記していたところ，Fの債権者Gが当該土地・建物はFの所有物だとして差し押さえてきた。Gによる差押えは認められるか？

かつては団体が主務官庁の監督や面倒な設立手続を避けるため，法人になることを望まない場合がありました。現在は，一般社団法人・財団法人では官庁による監督はありません。また，設立中の法人は，法人ではありません。

これらについては，法人格のない団体の存在を承認し，できる限り法人と同様の扱いをすることになります。

1.5.3 権利能力なき社団

(1)成立要件

権利能力なき社団の成立要件は，①団体としての組織を有していること，②多数決で運営されていること，③構成員が交代しても団体が存続すること，④代表の方法，総会の運営，財産の管理その他団体としての主要な点が確定していることです（最判昭和 39 年 10 月 15 日民集 18 巻 8 号 1671 頁〈百選Ⅰ 8〉）。

(2)内部関係

団体財産は，個人財産と別に団体構成員の総有となります。総有は広い意味での共有の一種で，持分および分割請求権はありません。脱退時の払戻しについては，判例は否定します。組合では払戻請求が可能で（681 条 2 項），団体の形態により多様な処理があり得ます。

(3)対外的関係

権利能力なき社団は，訴訟の当事者となり得ます（民事訴訟法 29 条）。また，団体名に代表者の肩書きを付した預金が認められますが，団体名義の不動産登記は認められません（最判昭和 47 年 6 月 2 日民集 26 巻 5 号 957 頁）。やむを得ませんが，代表者名で登記するか，全員の共有として登記するしかありません。

権利能力なき社団の取引上の債務については，構成員は，取引の相手方に対し直接に個人的債務・責任を負いません（最判昭和 48 年 10 月 9 日民集 27 巻 9 号 1129 頁〈百選Ⅰ 9〉）。権利能力なき社団・財団の債務は，原則として団体財産だけが引当てとなります（有限責任）。ただし，小規模親睦団体等の代表者や構成員の個人責任と，大規模で独立性の強い団体の代表者や構成員の責任には相違があり得ます。小規模団体では，当事者の意思解釈を通じて，代表者や構成員が個人責任を負うことがあり得るでしょう。

Case 6-4 で問題となる，権利能力なき社団の不動産登記については，

法人となれない団体にとっての長い間の懸案でした。現在では，法人になりたければなれる制度が整備されましたので（一般社団法人），団体は，法人となり，法人名義で登記することができたはずです。それをしなかったのですから，帰責性ありとして不利益を被ってもやむを得ません。民法94条2項の類推適用は従来は否定されてきましたが，法改正により状況が変わったといえます。Gが善意の場合には，民法94条2項を類推適用してGの差押えは有効と考えることができましょう。

1.5.4 権利能力なき財団

(1)成立要件
権利能力なき財団の成立要件は，①出捐（しゅつえん）財産が個人財産から明確に分離されて管理・運用されていること，②財産の管理・運用機構が確立していること（最判昭和44年6月26日民集23巻7号1175頁）です。

(2)内部関係
権利能力なき財団の内部関係は，財団の財産を管理するために団体が定めた規則によります。

(3)対外的関係
財団の債権者は財団の財産のみを引当てとすることになります。ただ，この点も含めて，権利能力なき社団と同様の問題があります。

2 物

2.1 権利の客体に関する民法の規定

民法は権利の客体について一般的な規定を置いていません。権利の客体は権利によって異なります。民法上の権利は，大きく分けて，物に対する支配権である物権と，人に対する請求権である債権に区別できます。民法は，物権，特に所有権の客体として重要な「物」に関する規定のみ置いています。

2.2 物の意義

2.2.1 有体物

民法において**物**とは**有体物**をいいます（85条）。有体物とは，固体，液体，気体をいいます（通説）。

2.2.2 電気

民法の定義に形式的に従うと，電気は有体物ではなく，物ではありません。ちなみに，刑法では，罪刑法定主義との関係で，電気窃盗を罰するため，電気は財物（物）とみなすとする規定を置いています（刑法245条）。

通説は，民法上，電気は物でないとします。有力説は，排他的支配の可能性あるものを物とし，電気を含めます。有力説に対しては，有体物であれば，不法占拠，持ち去られた場合は返還請求ができますが，電気であれば，盗んだ電気を返せというわけにはいきませんので，電気を物に含めて電気に対する所有権を認めても意味がないという批判があります。これに対し，疑問なく所有権の対象となる「ガス」「水」でも同じことは起こるので，結果的に大差ないという反批判があります。いずれにしても損害賠償請求はできるので，所有権をストレートに認めるか否かの違いに過ぎないともいえます。

その他，有体物でなく，物への該当性が問題となるものとして，熱，光などのエネルギーがあります。また，発明，意匠，著作物などの精神的産物（知的財産権）は，特許法，意匠法等の法律により保護されています。

> **Column　物，者，もの**
>
> 「もの」と読む用語として，「物」「者」「もの」があります。耳から聞いて区別するため，「物」（ぶつ），「者」（しゃ），「もの」（もの）と区別して発音することがあります。とはいっても，「しゃ」と読むと「社」と区別できなくなったりもします。

2.3 動産と不動産

2.3.1 不動産

> Case 6-5　Aは，山の所有者Bから，土地とは別にその土地に植わっている檜(ひのき)100本だけを地面に植えられたまま買い取ることにした。檜だけの売買は有効か？

　土地およびその定着物は，**不動産**とされます（86条1項）。**建物**は，典型的な土地の定着物です。また登記された立木（明認方法による場合も同様）は独立した不動産です。建物や登記された立木は，土地とは独立した物として取引の対象となります。

　Case 6-5では，土地に植わった立木は，通常は，土地の一部で，独立に取引の対象とすることができません。しかし，登記または明認方法を施すことにより，立木を土地とは別の独立の不動産として取引の対象とすることが可能です。Bが立木を登記または明認方法により独立の取引の対象とした上で，AとBが立木の売買契約を締結することが可能です。

　石垣，樹木，固定された庭石も土地の定着物ですが，これらは土地の構成部分となります。これに対し，容易に移動できる庭石や石灯籠は，土地の定着物ではなく，動産です。これらの区別の実益は，土地とは別にその物だけを独立した物として取引の対象とできるかにあります。

　土地は，人為的に線を引き，区分けをします。区分けされた一個の土地を一筆(いっぴつ)の土地といいます。一筆の土地の一部の取引も可能ですが，第三者への対抗要件を備えられません（大連判大正13年10月7日民集3巻476頁〈百

> **Column　建物の区分所有**
>
> 通常は一棟の建物に1つの所有権がありますが，分譲マンションのように，一棟の建物を区分して，区分ごとに所有権があることもあります。これは共有とは異なり，それぞれが独立した所有権です。

選Ⅰ10〉）。

一個の建物とは，屋根，壁を備えたものであり，必ずしも床，天井を備えている必要はありません（大判昭和10年10月1日民集14巻1671頁〈百選Ⅰ11〉）。

2.3.2 動　産

不動産以外の物は，すべて**動産**とされます（86条2項）。不動産以外の有体物は，すべて動産ということになります。

2.4 主物と従物

2.4.1 主　物

物の所有者がその物の常用に供するため自己の所有に属する他の物をこれに附属させたときは，その附属させた物が従物です（87条1項）。2個の独立性を有する物が互いに経済的効用を補い合っている場合に**主物**と従物となります。補われている物が主物（母屋，家屋）で，補っている物が従物（物置，建具）です。不動産も従物になります。従物の要件は，①継続的に主物の効用を助けること，②主物に附属すると認められる程度の場所的関係にあること，③主物と同一の所有者に属すること，④独立性を有することです。物の一部は，従物ではありません。主物と従物は同一人の所有でなければならず，それぞれ独立した物である必要があります。

2.4.2 従　物

従物は主物の処分に従います（87条2項）。民法の原則からいえば，個々の物は独立に取引の対象とされます。しかし，2個の物の間には，客観的・経済的な主従関係がありますので，法的関係においては同一に扱うのが合理的です。従物は，抵当権の効力の及ぶ範囲としても問題となります（最判昭和44年3月28日民集23巻3号699頁〈百選Ⅰ85〉）。

2.5 元物と果実

2.5.1 元物・果実の定義

果実は物から生ずる経済的収益です。**元物**(げんぶつ)は果実を生ずる物です。

2.5.2 天然果実・法定果実

物の用法に従い収取(しゅうしゅ)する産出物が**天然果実**(かじつ)です（88条1項）。天然果実は，牛乳，羊毛，野菜・果物，鉱物，土砂のように物の経済的用途に従って産出される物です。**法定果実**は，利息，地代，家賃のように物の使用の対価として受け取る金銭その他の物です（88条2項）。

2.5.3 元物の所有者の変更

元物の所有者が変わることがあります。民法はこの際の内部関係を定めています。天然果実はその元物から分離する時に収取する権利を有する者に帰属します（89条1項）。権利者は物権法の規定または契約によって定まります。法定果実は収取する権利の存続期間に応じて日割計算により取得します（89条2項）。

Discussion　　　　　　　　　　　　　　　　　　　議論しよう

1. 法人という制度がないとすると，どのような点で困るかを考えてみましょう。
2. 大学のクラブ（法人ではない）の懇親会がクラブAの名義で予約され，居酒屋で開催されました。クラブの代表者B，構成員Cは懇親会の費用について個人責任を負うかを考えてみましょう。

Working　　　　　　　　　　　　　　　　　　　　調べてみよう

庭に備え付けられている石灯籠，庭石の所有権と土地の所有権の関係を考えてみましょう。

第7章 法律行為

Learning Points

▶人は自分に関する法律関係を自分で構築していくことができます。このために使われるのが「法律行為」です。本章では，法律行為とはどのようなもので，どのような種類があり，どのような法律行為が有効かを学びます。

▶法律行為が無効となる原因にはさまざまなものがありますが，本章では，公序良俗違反，取締規定違反を中心に学びます。

Key Words

法律行為　契約　公序良俗違反　取締規定違反

1　法律行為の種類

1.1　法律行為の意義

法律行為は，人が**法律効果**を発生させようとする行為です。法律効果を発生させる生活関係を**法律要件**といいます。法律要件には，時の経過，人の生死，善意・悪意など事実も含まれます。しかし，当事者の意思（意図）に法律効果を与えるものとして，**意思表示**（第8章1参照）を不可欠の要素とす

図表7－1 ▶▶▶法律効果を発生させる生活関係：法律要件

行為	・法律行為…契約，単独行為，合同行為 ・準法律行為…意思の通知，観念の通知，（感情の通知） ・事実上の行為…遺失物拾得，埋蔵物発見，不法行為など
事実	・主観…善意・悪意，故意など ・事件…時の経過，人の生死など

る法律行為が重要です。行為には，その他，意思表示を要素としない**準法律行為**，**事実上の行為**である遺失物拾得，不法行為などがあります（図表7－1）。

法律行為における当事者の意思は意思表示として外部に表れます。法律行為についての検討対象は，外部から認識できる意思表示となります。

1.2　3種類の法律行為

法律行為の分類については，諸説があり得ますが，従来の最も一般的な考え方では，3つに分類されます。

1.2.1　契　約

契約は相対立する2つ以上の意思表示の合致によって成立する法律行為です。通常は2つの意思表示によりますが，組合契約では3つ以上になる可能性があります。

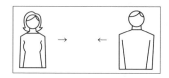

1.2.2　単独行為

単独行為は単一の意思表示により構成される法律行為です。単独行為は，取消し，解除のように相手方のある単独行為と，遺言のように相手方のない単独行為に区別できます。単独行為は第三者にも効力が及ぶ場合があるので，法律上の根拠がある場合にだけ認められます。

1.2.3 合同行為

合同行為は，2つ以上の意思表示によって成立する法律行為です。意思表示は相対立せず，同一目的のために向けられています。たとえば，社団設立行為があげられます。合同行為の概念を認めるべきかについては議論があり，契約として説明されることもあります。

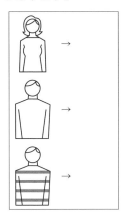

1.3 準法律行為（法律的行為）

準法律行為は**法律的行為**ともいいます。準法律行為は，効果が行為者の効果意思によるものではない点で法律行為と異なります。たとえば，催告，代理権授与の表示，社団法人の社員総会の通知が準法律行為です。準法律行為には法律行為に関する規定を具体的な場合に応じて類推適用します。

1.3.1 意思の通知

意思の通知は，意思の発表でありながら，意思が法律効果の発生を内容としないものです。たとえば，催告がこれにあたります。催告の意思は，相手方の行動を促すというもので，法律効果の発生ではありません。もっとも，意思の通知があると，結果として法が一定の効果を付与します。

1.3.2 観念の通知

観念の通知は，一定の事実の通知であって，意思の発表という要素を含まないものをいいます。したがって，これは意思表示ではありません。たとえば，社員総会の通知，代理権授与の表示，承諾延着の通知が観念の通知にあたります。

1.3.3 感情の通知

感情の通知は，事実と区別された意味での感情を発表する行為です。たとえば，宥恕(ゆうじょ)（明治31年法律第9号民法旧規定814条2項）（許すという意味であり，悪感情の放棄です）がこれにあたるとされますが，現行法上は例がありません。

1.4 その他の法律要件

意思によらないで義務を負う場合，たとえば事実が法律要件となるものに不法行為があります（709条）。このほか，意思によらないで契約が締結されるかという問題があります。たとえば，バスに乗る，有料道路を通行する，有料駐車場に駐車するという事実により，料金の支払意思の有無を問わず，契約が成立し，支払義務ありとすることができるかという問題です（特別法があるものについては，特別法によります）。事実的契約関係による契約成立を認めると，申込み，承諾を認定できなくても，支払義務を認めやすくなります。

2　法律行為の解釈

2.1　法律行為の内容の確定・補充

　法律行為は当事者間の法律関係の基準となります。しかし，その内容が不明確なことがあります。法律行為の内容が不明確であれば，その内容を確定しもしくは補充し，または場合によっては変更しなければなりません。

　法律行為の意味を明確にする作業は，まず当事者の主観的事情，すなわち当事者がどのように考えたのかによります。当事者の意図が明確にできない場合には，客観的事情，すなわち，同じようなことが起きたとしたらどう解するのがよいかを考えます。また，取引にあたっては，取引界の慣習を参考にします。当事者が慣習の存在を知りながら，特に反対の意思を表示しなかった場合には，慣習による意思があったことが推定されます（大判大正10年6月2日民録27輯1038頁〈百選Ⅰ19〉）。

2.2　法律行為の内容の修正

> Case 7-1　Aの住むマンションでは，衛生上の理由から規約で「犬・猫を飼ってはならない」と定められていた。Aはウサギを飼うことにした。規約は，ウサギを飼うことを認めているか？

　解釈の名の下に，ことばの意味を合理的に解釈し，実質的に意味を修正することがあります。旧借地法（借地借家法に引き継がれています）制定前の古い例ですが，建物所有目的の借地契約において3年，5年といった期間を定めた場合，真に3年，5年で建物を壊して土地を明け渡すという意図があるかが問題となりました。このような場合に，当事者の法律行為の文言が単に例として掲げられたにとどまり，当事者が真にこれに拘束される意思がないとして，文言を無視する解釈が採られることがあります。これを，**例文解**

釈と呼びます。これにより、期間の定めは例文に過ぎず文字通りの拘束力はないとし、たとえば、賃料の見直し期間と評価する（読み替える）ことになります。ただ、このような解釈方法は、法的安定性を害するおそれがありますので、安易に用いることはできません。

2.3　法律行為自由の原則とその限界

法律行為については、原則として、当事者の意図したとおりの効力が認められます。これを**法律行為自由の原則**、あるいは**意思自治の原則**といいます。法律行為の自由が認められる以上、原則として法律行為が紛争解決の基準となりますが、それには限界があります。法律行為が有効であるためには、社会的相当性、確定性を備えていなければなりません。

社会的相当性は、民法では「公序良俗」「強行規定」、その他「取締規定」などを通じた法律行為への修正となって現れます。また、特に、民法が前提とする対等、平等を基本原理とする市民法原理が妥当しない場合、すなわち、当事者間に社会的・経済的地位、情報、交渉力に格差があるときに、その格差を埋める原理である社会法原理による修正があります（たとえば、消費者

Column　法律行為の実現可能性

従来は、法律行為が有効か否かを判断する上で、法律行為の内容の実現可能性を問題としていました。たとえば売買契約について、①法律行為の成立前に目的物が滅失していた場合（原始的不能）と②法律行為の成立後に目的物が滅失した場合（後発的不能）を区別していました。原始的不能の場合は、当初から実現できないから無効、後発的不能については、滅失（履行不能）の原因が誰によったかにより区別し、危険負担（民法（債権関係）改正前民法534条から536条）あるいは債務不履行（415条）の問題としていました。

民法（債権関係）改正により、原始的不能であっても契約は無効とならないことを前提とする規定が設けられました（412条の2）。これにより、原始的不能の契約についても、明文のある損害賠償請求のみならず、契約解除その他の履行不能にかかわる規定の適用があることになりました。詳しくは、契約法で学ぶことになります。

契約法）。

確定性は、仮に法律行為の有効性を認めても、最終的に裁判を経て強制する内容が定まっていなければ法的効果を与える必要がないということからの制限です。たとえば、「何かいい物をあげます」「いただきます」では、確定性はありません。

以上のように、法律行為は成立と有効を区別します。単に形式的に成立したというだけでは、そのまま有効とならない場合があります。

Case 7-1 では、規約の趣旨として、鳴き声の防止、衛生の保持、危険の回避等、種々考えられます。ウサギに同様の理由があるか否かによります。小動物を飼育してはならないという趣旨であれば、規約がウサギに類推適用され、ウサギの飼育は禁じられていると評価できます。

3 公序良俗違反

3.1 公序良俗違反の意義

Case 7-2　Aは、月々200万円の手当てでBの愛人となる契約を結んだ。Bは愛人として奉仕しているが、Bがここ2か月、手当てを支払っていない。Aは、Bに未払いの愛人手当てを請求できるか？

公の秩序または善良の風俗（まとめて**公序良俗**といいます）に反する法律行為は、無効です（90条）。民法は、法律行為ごとに個別に規定を置くのではなく、社会的相当性の観点から法律行為が無効となるとする包括的規定を置いています。古くは、公の秩序は、国家・社会の一般的利益をいい、善良の風俗は、社会の一般的倫理をいうとして、両者を区別していましたが、現在では、両者は一体的で、区別の実益はないとされています。

3.2 公序良俗違反の具体例

公序良俗違反の行為を分類する実益は，あまりありません。ここでは，具体例として，一応，伝統的な分類に従い，以下のものをあげておきます。

3.2.1 人倫に反するもの

たとえば，愛人契約を締結し報酬を支払う契約，両親の離婚後，母と子は同居しないという契約などがあります。判例は，不倫な関係にある女性に対する包括遺贈がなされた事例で，遺言が不倫な関係の維持継続を目的とするものではなく，もっぱら生計を遺言者に頼っていた女性の生活を保全するためにされたものであり，遺言の内容が相続人の生活の基盤を脅かすものではないときは，遺言は90条に違反しないとしました（最判昭和61年11月20日民集40巻7号1167頁〈百選Ⅰ12〉）。実質的に人倫に反するか否かを判断基準としているといえます。

3.2.2 正義の観念に反するもの（犯罪，違法な行為に関するもの）

たとえば，殺人に対して報酬を支払う契約，殺さなければ金を払うという契約，賭け麻雀をして負けた者が金を払う契約などがあります（132条も参照）。

3.2.3 暴利行為

法律行為の当事者の一方が相手方の窮迫，軽率，無経験を利用し，対価的に著しく過当な利益の獲得を目的とする法律行為をすることは，**暴利行為**となり，無効です（大判昭和9年5月1日民集13巻875頁〈百選Ⅰ15〉）。たとえば，相手方の窮迫状態に乗じた高利の金銭消費貸借があげられます。

3.2.4 個人の自由を極度に制限するもの

たとえば，芸娼妓（げいしょうぎ）契約があります。芸娼妓契約と結びついた前借金も無効となります（最判昭和30年10月7日民集9巻11号1616頁）。

3.2.5 その他

　証券取引における損失保証契約，男女別定年制度が問題となったことがあります。証券取引における損失保証契約の公序良俗違反性が問題となった判決では，公序良俗違反の判断基準時が問題となり，法律行為がなされた時点の公序が基準であるとしました（最判平成 15 年 4 月 18 日民集 57 巻 4 号 366 頁〈百選Ⅰ13〉）。また，男女別定年制が問題となった判決では，男子の定年を 60 歳，女子の定年を 55 歳とする就業規則は，性別のみによる不合理な差別を定めたものとして 90 条の規定により無効であるとしました（最判昭和 56 年 3 月 24 日民集 35 巻 2 号 300 頁）。

　法律行為そのものには問題がなくともその動機に問題がある場合に，法律行為が公序良俗違反となることがあります。たとえば，借主が賭博の負け分を支払うことを知ってなされた金銭消費貸借は，賭博を助長するという理由で動機の不法により無効です（大判昭和 13 年 3 月 30 日民集 17 巻 578 頁）。

3.3　公序良俗違反と不法原因給付

　法律行為が無効であれば，それによる契約も無効です。無効な契約に基づいて契約当事者が支払ったもの，引き渡したものは，原状回復義務の内容として返還請求できるのが原則です。しかし，不法な原因のために給付をした

Column　無効の実際上の意味

　公序良俗違反により「無効」であり，また不法原因給付により「返還請求できない」のですが，このような効果の意義については，注意を要します。他の契約でも同じですが，契約が無効だとしても，当事者がそれに基づいて履行してしまうことまで自然に止まるわけではありません。また不法な原因に基づいてなされた給付を当事者が返還することも同様です。「無効」とか「返還請求できない」といった法的効果は，裁判所に訴え出てその内容を強制しようとした際に，裁判所がそれに助力しないという点に意味があるにすぎないということになり，当事者の自発的な行為を止めることはできません。

者は，その給付したものの返還を請求することができません（708条本文）。本来，契約は無効ですから，当事者は返還請求できてよいはずですが，不法な内容の債務を履行した者が後になって救済を求め得るというのは好ましくないという理由から，返還請求を否定しました。これを**不法原因給付**といいます。公序良俗違反の契約に基づく給付をすることは不法原因給付にあたります。

　この結果は不法な状態の肯定になります。立法の際，不法原因給付の制度を作るか否かについて激しい議論がなされました。結局，公序良俗違反の制度は，正面から不法な状態を否定し，不法原因給付の制度は，裏面から不法な状態を否定するという議論が勝ちました。不法な原因に基づいて給付すると原状回復請求ができなくなるので，そもそも給付するなということです。ただし，不法な原因が受益者についてのみ存したときは，返還請求できます（708条ただし書き）。

　給付者が不法の認識を欠き非難性のない場合には，返還請求できます。たとえば，私通関係をやめさせるための金銭給付，身代金目的の誘拐の身代金の支払いがこれにあたります。また，不法な原因が受益者のみに存した場合だけでなく，給付者にも不法な原因が存したとしても，給付者の不法性が受益者の不法性と比べて問題とならない程度の軽微なものであれば，返還請求できます。

　Case 7-2 では，AB間の愛人契約は公序良俗に反し無効です。無効な契約に基づいて金銭を請求することはできません。

4　強行規定違反

4.1　強行規定違反の意義

　法律行為の当事者が法令中の公の秩序に関しない規定（**任意規定**）と異なる意思を表示したときは，その意思に従います（91条）。公の秩序に関する

規定（**強行規定**）と異なる意思を表示しても，その意思表示は無効です。したがって，法律の規定の内容と異なる意思表示を無効とするか否かは，その規定が公の秩序に関するか否かによることになります。

　法律によっては，当該規定が強行規定であることが明示されます（借地借家法9条，利息制限法1条）。しかし，ある規定が強行規定か任意規定かは，不明確な場合があります。その区別の基準は規定の趣旨であり，個別的に判断することになります。例外もありますが，おおむね，物権法・家族法の規定は強行規定，債権法の規定は任意規定が多いです。ただ，「多い」というだけで，たとえば，判例は，組合契約における任意脱退の自由を定めた678条が強行規定か任意規定かが争われた事例で，強行規定であるとしました（最判平成11年2月23日民集53巻2号193頁〈百選Ⅰ17〉）。

4.2　取締規定違反

4.2.1　取締規定違反の意義

　取締規定とは，行政上の目的により，一定の法律行為もしくは事実行為を禁止し，またはこれをするのに一定の条件を必要とすることを定める規定をいいます。通常は，取締規定違反の行為には行政法上の制裁がありますが，私法上の法律的効力は別に検討されます。伝統的な議論では，取締りの目的が行為の効力を否定する必要があるほどのものであるかという法律の趣旨，行為の非難可能性，取引の安全，当事者の信義・公平などにより個別事例ごとに総合的に判断されます。法律行為の効力を否定する必要がないような単なる取締規定である場合は，私的行為に関し取締りをするに過ぎず，法律行為の効力は否定されませんが，そうでない場合は効力が否定されます（伝統的公法私法二分論）。判例は，この考え方に拠っています（最判昭和35年3月18日民集14巻4号483頁）。

　学説には，新しい視点から検討するものがあります。履行された部分と履行されていない部分を区別し，未履行の場合は有効だが履行不能による解除

が可能とし，既履行の場合は有効とする見解，またより直裁に，未履行部分は無効，既履行部分は有効とする見解があります（履行段階論）。また，取締規定を，取引に関係しない価値の実現を目的とする「警察法令」と取引に密接な関連を有する「経済法令」に区別し，経済法令違反を積極的に無効とする見解があります。この説は，法律行為が公序に違反するか否かという観点から検討します（一元論）。

4.2.2 取締規定違反が問題となる具体例

(1) 無資格者による取引行為

許可・免許等が必要であるにもかかわらず，それを得ずに無資格で行った法律行為の効力が問題となります。裁判例では，弁護士の資格のない者による法律事務についての委任契約は違法性が強く無効で，報酬請求はできず，また斤先堀契約（鉱物採掘における名義貸し）は無効とされました。これに対し，タクシー営業免許を持たない者による旅客運送契約は，私法上は有効で，報酬請求が可能であり，また警視庁の免許を受けていない待合茶屋の遊興費の請求は可能であるとしました。さらに，取引所員資格のない者がした取引委託契約については見解が分かれています。また，食品衛生法による営業許可を受けていない者の精肉取引は有効だとしつつ，有毒物質が混入している食品の取引は無効だとしました（最判昭和39年1月23日民集18巻1号37頁〔有毒あられ事件〕）。同じ「食品衛生法」違反でも，無資格取引と毒物混入では全く質が異なります。結局は，有効，無効は法の趣旨によると説明できますが，より具体的には，法律が極めて厳格な制限の下に許可・免許等を与えている場合は無資格者のなす取引は無効とされ，そうでない場合は，私法上，有効とされる傾向にあるといえましょう。

(2) 経済統制法違反の取引行為

戦中・戦後の配給・価格統制等，経済統制のための法律に違反した取引の効力が問題となりました。裁判例は，法律の趣旨により，私法上の効力の有無を判断しました。

4.3 脱法行為

4.3.1 脱法行為の意義

脱法行為とは，直接には強行法規に違反しないが実質的にこれを潜脱（せんだつ）する行為をいいます。このような場合には，法律行為の効力が問題となります。

脱法行為が起こる理由は，経済的に優位に立つ者が弱者を保護するための法律をかいくぐること，あるいは経済的必要があるのに法律で押さえつけていることにあります。

4.3.2 脱法行為の具体例

(1) 恩給の代理受領

裁判例で問題となったものとして，恩給の代理受領を取り上げます。恩給は，旧軍人等およびその遺族を対象とする広い意味での年金です。旧恩給法11条1項は，恩給を担保にすることを禁じていました。その後，一定の金融機関は恩給に担保権を設定できることになりました（国民金融公庫が行う恩給担保金融に関する法律）。このことは，恩給を担保にする経済的需要が大きいことを示しています。

それでは，代理受領を利用し，恩給を実質的に担保とすることが認められるでしょうか。代理受領とは，お金を代わって受け取ることを意味します。恩給を担保にする場合では，お金の借主の受け取る恩給について，貸主の銀行口座に振り込まれるように指定しておくことが代理受領です。貸主は振り込まれた恩給から直接貸金を回収できることになります。

判例は，恩給の代理受領は脱法行為として無効としました（大判昭和16年8月26日民集20巻1108頁）。この考え方は，国民年金，厚生年金等にも該当すると考えられます。現在では，年金について担保化の法制度が整備されています。経済的必要があってもあえて代理受領を用いる必要はありませんが，代理受領がなされれば脱法行為で無効となります。

(2)利息制限法の「利息」

　法律の明文規定で脱法行為に対処しているものがあります。利息制限法は，金銭貸借の高い利息契約を無効とする法律ですが，貸借に際し利息以外の名目で金銭を払っても，借主にとっては利息を払ったのと同様の負担になります。そこで「債権者の受ける元本以外の金銭は，礼金，割引金，手数料，調査料その他いかなる名義をもってするかを問わず，利息とみなす」（利息制限法3条本文）として，脱法行為を禁じています。

(3)動産譲渡担保

　形式上の脱法行為を問題としない場合があります。民法では，お金の貸借における動産を目的とする担保として質権（しちけん）が予定されています。ただ，質権では，質権設定者（借主）は質物を占有できず（345条），目的物を使用することができません。また，債務者が期限までに弁済をしないときは質権者が占有している質物の所有権を質権者に移転する契約を，質権設定時に結ぶことはできません（349条。流質契約（りゅうしち）の禁止）。これに対し，金銭の貸借をするに際し，動産の所有権を貸主に移転し，期限までに弁済できれば所有権を借主へ戻すが，弁済できなければ目的物の所有権を貸主に確定的に移転させるという合意をすることがあります。これを，動産譲渡担保といいます。抵当権の目的物となるような不動産を有しない借主にとっては，質権は使い勝手が悪く，動産譲渡担保に対する経済的需要が大きいといえます。なお，質屋による質（しち）は，質屋営業法による質であり，民法の質とは異なります。質屋は，流質契約を締結できます。

　判例は，動産譲渡担保を脱法行為ではないとします（345条について，大判大正5年9月20日民録22輯1821頁，349条について，大判大正8年7月9日民録25輯1373頁）。経済的必要性・合理性を優先させたといえましょう。

Discussion

議論しよう

　法律行為の解釈という観点から，手形を題材として法律行為の内容を考えてみましょう。六法に載っている手形法6条を参考にして，下の約束手形により支払うべき金額を話し合ってみましょう。手形法77条2項により手形法6条は約束手形に準用されます。

第8章 意思表示

Learning Points

▶法律行為をするためには，意思表示が必要です。意思表示の重要な中核要素に「効果意思」と「表示行為」があります。本章では，これらを中心に意思表示の意義とその構造を学びます。

▶意思表示では，効果意思と表示行為が不一致の場合があります。このような場合，意思表示に表示どおりの効力をそのまま認めてよいでしょうか。また，効果意思を形成する前提となる「動機」に問題がある場合があります。本章では，このような場合の処理を学びます。

Key Words

意思表示　心裡留保　通謀虚偽表示　錯誤　詐欺　強迫

1　意思表示の意義

1.1　意思表示の構造

意思表示とは，当事者が法律効果を欲し，かつ，そのことを発表する行為です。意思表示は法によって実現され得る効果（法律効果）を意図するものでなければなりません。意思表示は法律行為の中核をなします。

意思表示の構造については，議論があるものの，ここでは以下のモデルで説明します（図表8－1）。

効果意思とは，法によって実現する効果をめざす意思（表示意思を区別しない場合には，単に，「意思」という場合もあります）で，心の中の問題です。効果意思の存在は意思理論による不可欠の前提です。

表示意思とは，意思表示をするという意思で，同様に心の中の問題です。

図表8-1 ▶▶▶意思表示の中核要素

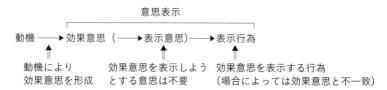

　意思表示に表示意思が必要かには議論があります。たとえば，表示意思がない事例として，①売買契約を承諾する場合は手を挙げることになっている場所で，疲れた体を伸ばすために手を挙げた場合，②売買契約の承諾のための手紙を書いたが，投函せず引き出しに入れていたところ，他人が勝手に相手に送付した場合があげられます。表示意思を特に考えなくとも，①では，表示に対応する効果意思がありませんが，意思表示の成立は認め，錯誤の問題とし，②では，効果意思があるので意思表示の有効な成立を認めるとする処理が可能です。通説は，意思表示の成立に表示意思は必要ないとしています。

　動機は，効果意思を形成する原因です。意思表示としては，原則として考慮しません。結局，意思表示は，表示行為と効果意思で形成されるといえます。表示行為が示す内容が意思表示です。

1.2　表示と効果意思

　一般論として，表示と効果意思が一致しない場合に，それらのどちらを重視すべきかという問題があります。従来は，意思理論を前提に効果意思を重視する考え方が有力でしたが，現在では，取引の安全を重視し，表示を重視する考え方が強くなっています。効果意思は表示されているわけではなく，外から他人が認識できないことが重要な課題となります。

　わが国の規定の傾向は，伝統的意思理論を前提としつつも，意思表示の規定において表示主義的な配慮が払われているといえます。規定の不十分な点は，判例・学説に拠って，取引の安全に配慮し，より表示主義的な解釈を採用することによって補われています。

2 心裡留保

2.1 心裡留保の意義

Case 8-1　Aは，Bに対し，冗談で，自己が所有する自慢の車を20万円で売るといったところ，Bが即座に自分が20万円でその車を買うと返事をした。A・B間の売買は有効に成立しているか？

　心裡留保とは，表示に対応する意思がなく，そのことを表意者が知っていることをいいます（図表8−2）。意思表示は，表意者がその真意ではないことを知ってしたときであっても，そのためにその効力を妨げられません（93条1項本文）。心裡留保があっても，表示通りの効果が生ずるのが原則です。ただし，相手方がその意思表示が表意者の真意でないことを知り，または知ることができたときは，その意思表示は無効です（93条1項ただし書き）。相手方が心裡留保について悪意であるか，善意でも過失があるときは，表示通りの効果を認めて相手方を保護する必要がなく，意思理論の原則通り無効とする趣旨です。

　Case 8-1　では，Aの意思表示は心裡留保であり原則として有効です。しかし，相手方であるBがAの心裡留保について悪意であるか，善意であっても過失があれば，Aの意思表示は無効となります。設問にはBの主

図表8−2 ▶▶▶心裡留保（93条）

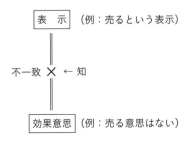

原則：有効

例外：無効（相手方の悪意または善意・有過失）

観について記述がありませんので，この点について場合分けをして解答することになります。

2.2 第三者との関係

改正前93条ただし書きにより意思表示が無効となった場合，それが有効であることを前提に取引に入った第三者が不利益を被る可能性があります。しかし，従来，心裡留保があった場合の第三者との関係に関し民法に明文の規定はありませんでした。従来の有力説は，94条2項を類推適用し，第三者を保護することを主張していました。民法（債権関係）改正では，第三者が保護されることを明文化するため93条に2項が新設されました。これにより，93条1項ただし書きにより意思表示が無効である場合，その無効は善意の第三者に対抗することができません（93条2項）。

2.3 単独行為

心裡留保の規定は，相手方のある単独行為，相手方のない単独行為に適用があります。ただ，相手方のない単独行為は，93条1項ただし書きの適用があり得ないので，常に有効となります。

2.4 身分上の行為

通説・判例（最判昭和23年12月23日民集2巻14号493頁）は，婚姻，離婚のように真意を重んずるべき身分上の行為には心裡留保の規定を適用すべきでないとしています。

2.5 代理権の濫用

代理人や法人の代表者が権限を濫用して自己や第三者の利益を図るために

代理権の範囲内で代理行為（または代表行為）をした場合に，判例は，権限の濫用を知っていた相手方に対し本人は無効を主張できるという結論を導くに際し，改正前民法93条ただし書きを類推適用していました（最判昭和42年4月20日民集21巻3号697頁〈百選Ⅰ26〉，最判昭和38年9月5日民集17巻8号909頁）。学説では，判例と同様の主張もありましたが，相手方が権限の濫用を知っていた場合は，相手方が本人に責任を問うのは信義則違反として許されないとする考え方が有力でした。いずれも代理権の範囲内での代理権の濫用と考えますので，形式的には効果が本人に帰属することが前提でした。民法（債権関係）改正により，このような場合については代理権を有しない者がした行為とみなすとされました（107条）ので，従来の議論は一部で意義が失われました（第9章4.2も参照）。

3 通謀虚偽表示

3.1 通謀虚偽表示の意義

Case 8-2　Aは，土地・建物を購入したが，執行逃れのため，知人のBと謀り，AB間で売買があったことにしてそれらの登記名義をAからBへと移転した。Bはそれをよいことに，それらの土地・建物を事情を知らないCに売却し，登記名義をCにしてしまった。Cは，土地・建物の所有権を取得できるか？

通謀虚偽表示とは，表示に対応する効果意思がなく，表意者がそのことを知っており，相手方と通じて虚偽の意思表示をするものです（図表8－3）。相手方と通じてした虚偽の意思表示は無効です（94条1項）。通謀虚偽表示は，相手方と通じてなされた虚偽の意思表示ですので，相手方のある行為に限られます。単独行為であっても，相手方のある行為には虚偽表示が成立し得ます（最判昭和31年12月28日民集10巻12号1613頁）。身分行為については，あくまで真実を尊重すべきですので，94条1項は問題なく適用さ

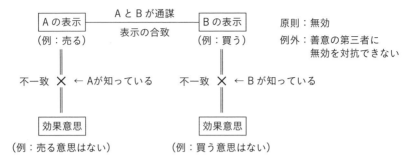

図表8－3 ▶▶▶ 通謀虚偽表示（94条）

れますが，2項は適用になりません。

3.2 第三者との関係

3.2.1 善意の第三者の保護

通謀虚偽表示は無効です。しかし，たとえば通謀虚偽表示による売買契約が締結された場合，仮装買主は所有者ではないにもかかわらず目的物の所有者として登記されています。仮装買主は，外観上，目的物の所有者のようにみえます。事情を知らない第三者は仮装買主が所有者だと考え，取引に入るでしょう。このような場合には，第三者を保護する必要があります（**図表8－4**）。そこで，通謀虚偽表示による意思表示の無効は善意の第三者に対抗することができないこととしました（94条2項）。通謀虚偽表示による外観どおりの権利関係があると信じた者を保護することになります。

3.2.2 善　意

善意とは，第三者が利害関係を持った時点で（最判昭和38年6月7日民集17巻5号728頁），虚偽表示であることを知らないことをいいます。善意について無過失であることを要するかについては，議論があります。判例は，無過失でなくてもよいとします（大判昭和12年8月10日新聞4181号9頁）。

図表 8 − 4 ▶▶▶ 通謀虚偽表示と第三者

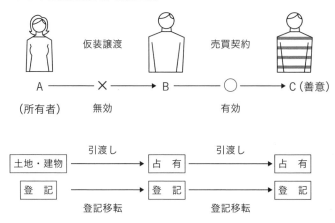

学説では，無過失を要するとするものが有力です。善意の第三者を保護することは，真の権利者を犠牲にすることであり，これにふさわしい主観（この場合は無過失）が第三者に要求されるとするのです。

善意の立証責任については，判例は，第三者は自ら善意であったことを立証すべきとします（最判昭和 41 年 12 月 22 日民集 20 巻 10 号 2168 頁，最判昭和 35 年 2 月 2 日民集 14 巻 1 号 36 頁）。学説には，第三者の善意が推定されるとするものがあります。

3.2.3 登記の具備

94 条 2 項の第三者に該当するためには登記を要するでしょうか。ここで問題とする登記は対抗要件としての登記ではありません。「対抗問題」は相容れない権利を取得した者どうしの優劣を決定する問題ですので，古くから比喩的に「食うか食われるか」の関係の問題ともいわれています。これが本来の対抗問題であり，94 条 2 項ではそもそも「対抗問題」は生じません。

Case 8-2 では，A と C は対抗関係にはありません。したがって対抗要件としての登記は必要ないはずです。ここでは「善意の第三者」が保護されるための資格として登記が必要か，ということを問題としています。判例は，登記のない善意の第三者を保護しています（最判昭和 44 年 5 月 27 日民集

23巻6号998頁)。

3.2.4 第三者

　94条2項の「第三者」は，虚偽表示による法律行為を前提として利害関係に立った者です。第三者の典型例としては，仮装譲受人から目的物を取得した者，仮装譲受人から目的物に抵当権の設定を受けた者，仮装譲受人名義の目的物を差し押さえた者などがあります。

　Case 8-2 では，AB間の売買は，通謀虚偽表示であり，無効です。しかし，これにより名義人となったBが善意の第三者Cに目的物を売却し，C名義に登記されています。Aは，通謀虚偽表示による無効を善意の第三者Cに対抗できません。Aは，Cに対しCの登記の抹消を請求することができず，結果として，Cは，目的物の所有権を取得できます。

3.2.5 第三者からの転得者

　第三者，転得者ともに善意である場合，転得者は保護されます。また，第三者，転得者ともに悪意である場合，転得者は保護されません。これらの結論には異論がありません。問題は，第三者が善意，転得者が悪意の場合と，第三者が悪意，転得者が善意の場合です（図表8－5）。

　第三者が善意，転得者が悪意の場合は，判例は，転得者が保護されるとします（大判昭和6年10月24日新聞3334号4頁）。この場合は，善意の第三者の下で権利が確定し，転得者がそれを取得する（地位を承継する）から，転得者が悪意であっても保護される（絶対的構成）と説明します。この場合，善意者をダミーとして介在させるおそれがあり，悪意の転得者を保護すべきでないという批判があります。

　第三者が悪意，転得者が善意の場合は，判例は，転得者が保護されるとします（最判昭和45年7月24日民集24巻7号1116頁）。この場合は，転得者自身が94条2項の「第三者」にあたるとして，転得者を「善意の第三者」として保護する（相対的構成）と説明します。

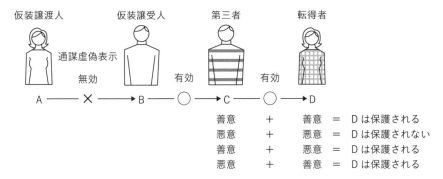

図表 8 − 5 ▶▶▶ 通謀虚偽表示と第三者・転得者

3.2.6 民法 94 条 2 項の類推適用

94 条 1 項の要件が満たされなければ，通謀虚偽表示ではありません。たとえば，①当事者に通謀がない（通謀せずに権利者が勝手に他人名義に登記した）場合，②意思表示があるとはいえない（他人によって勝手に登記を移されてしまったが，権利者が知って放置した）場合には，94 条 1 項は適用されません。ただ，このような場合，権利者が真実と異なる登記に関与している点では通謀虚偽表示と同じだとの評価が可能です。そこで，**94 条 2 項の類推適用**により，虚偽・不実の外観を信じた者を保護できないかが問題となります。

判例は，94 条 2 項の本質的要件である①真の権利者の帰責性，②虚偽の外観の存在，③第三者の信頼のうち，①の要件について「相手方との通謀」に限定せず，それに準ずるような帰責性が真の権利者に認められる場合には，94 条 2 項を類推適用して第三者を保護するとします（最判昭和 45 年 9 月 22 日民集 24 巻 10 号 1424 頁〈百選Ⅰ21〉）。また，従来の議論では，真の権利者が何らかの形で虚偽の外観について認識していることが要件となっていましたが，110 条を合わせて類推適用することにより，必ずしも虚偽の外観について真の権利者に認識がなくても，それと同視すべき帰責性があると評価できる場合には，相手方の善意・無過失を要件として，**94 条 2 項と 110 条の類推適用**により，相手方を保護するとする最高裁判決が現れています

> **Column** 　**公示と公信力**
>
> 　動産については，虚偽の外観（公示＝占有）を信頼し取引に入った者を保護する192条（即時取得の制度）があります。不動産については，このような規定はなく，原則どおり，無権利者は権利を移転できず，虚偽の外観（公示＝登記）を信頼した第三者は保護されません。自分の持っていない権利は移転できないからです。
>
> 　虚偽の外観（公示）を信頼した者を保護する場合，公示に公信力があるといいます。動産の占有には公信力があり，不動産の登記には公信力がないことになります。この点を補う機能を担うものとして，94条2項の類推適用が主張されています。この問題は，物権法でも学びます。

（最判平成18年2月23日民集60巻2号546頁〈百選Ⅰ22〉）。

3.3 　通謀虚偽表示の撤回

　通謀虚偽表示は，相手方と合意すれば，撤回できます。しかし，最高裁は，傍論で，虚偽表示の外形（外観）が残っていれば，真の権利者は外形（外観）を信頼した第三者に対抗できないとしています（最判昭和44年5月27日民集23巻6号998頁）。

4　錯　誤

4.1 　錯誤の意義

> **Case 8-3**　Aは，鉄道建設の噂を聞き込み，将来の値上がりを見込んで沿線の土地をBから買ったが，実はその噂は間違いで，鉄道が建設される予定はなかった。AはBとの売買契約の意思表示を取り消し得るか？

> Case 8-4　Cは，D所有の絵画甲を買い取る際，代金は「100万」といわれたので100万円だと考え売買契約をしたが，実は100万ドルであった。CはDとの売買契約の意思表示を取り消し得るか？

錯誤とは，表意者の思い違いです。思い違いとして問題となるのは，意思表示に対応する意思を欠く錯誤（表示の錯誤；95条1項1号），表意者が法律行為の基礎とした事情についてのその認識が真実に反する錯誤（動機の錯誤；95条1項2号）です（図表8－6，8－7）。ただ，すべての錯誤を対象とすると相手方に不利益が及ぶ範囲が広過ぎるので，「その錯誤が法律行為の目的及び取引上の社会通念に照らして重要なものであるとき」に表意者が意思表示を取り消すことができます（95条1項柱書き）。「重要なもの」か否かは，その錯誤がなければ意思表示をしなかったであろうほどに重要か否かによります。ただ，動機の錯誤による取消しは，その事情が法律行為の基礎とされていることが表示されていたときに限られます（95条2項）。

4.2　錯誤の分類

錯誤は，**表示の錯誤**と**動機の錯誤**に大きく分けることができます。表示の錯誤は，さらに**表示行為の錯誤**（アメリカドルとカナダドルを書き間違えた／言い間違えた）と，**表示の意味の錯誤**（アメリカドルとカナダドルを同じものだと考えていた）に区別できます。動機の錯誤は，地下鉄の駅ができるので土地を買おうと考えたが，地下鉄の駅はできなかったというような場合が該当します。

民法（債権関係）改正前民法では，規定が動機に触れていないため動機の錯誤の扱いについて議論がありました。動機の錯誤の場合にも表意者の保護は必要ですが，内心の動機の食い違いによって意思表示を無効とするのは相手方にとって不意打ちになることもあり，その調整が必要です。判例は，動機が表示されて意思表示の内容となっていれば（相手方に表示されていれば），動機の錯誤を考慮するとしていました（大判大正6年2月24日民録

23 輯 284 頁，最判平成元年 9 月 14 日家月 41 巻 11 号 75 頁）。この考え方には，なぜ動機が表示されなければならないか，という批判がありました。

Case 8-3 では，A は，動機の錯誤に陥っています。動機の錯誤の場合

Column　動機の錯誤の明文化と錯誤の効果の変更

民法（債権関係）改正前は，意思理論を前提に，判例・通説は，錯誤は表示に対応する効果意思がなく，表意者がそのことを知らないものと定義し，「錯誤」と「動機の錯誤」を明確に区別していました。判例は表示されて意思表示の内容となった動機は要素の錯誤（民法（債権関係）改正前95条本文）となり得るとしていました。改正民法は，この点では，判例理論を修正するものではなく，条文化して明確化しました。また，改正前民法の錯誤の効果は無効でしたが，改正民法は，意思理論からは離れ，錯誤の立法趣旨から効果を取消可に変更しました。

図表 8 − 6 ▶▶▶ 錯誤（95 条）

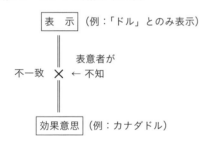

原則：無効（改正前 95 条）→取消可（95 条 1 項 1 号）
例外：表意者に重過失がある場合は無効を主張できない（改正前 95 条ただし書き）→表意者に重過失がある場合は，相手方が悪意・重過失または相手方が同一の錯誤に陥っていた場合を除き，取消しできない（95 条 3 項）

図表 8 − 7 ▶▶▶ 動機の錯誤

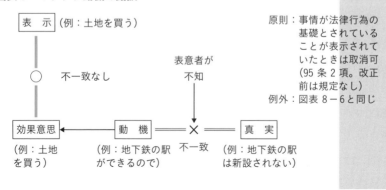

原則：事情が法律行為の基礎とされていることが表示されていたときは取消可（95 条 2 項。改正前は規定なし）
例外：図表 8 − 6 と同じ

は，その事情が法律行為の基礎とされていることが表示されていたときに取り消せます。また，以下に見るように，表意者，相手方の主観が問題となります。必要に応じて場合分けをすることになります。

4.3 表意者および相手方の主観

4.3.1 表意者の重過失

錯誤が表意者の重大な過失によるものであった場合には，本章4.3.2に述べる場合を除き，表意者は意思表示を取り消せません（95条3項柱書き）。重過失とは，著しく注意を欠いていることをいいます。重過失の判断基準は，その職業，知識，経験を有する者として，取引の種類，目的に応じて当然要求される注意を尽くしたか否かです。95条3項は錯誤に陥るについて重過失ある者の主張を許す必要はないという趣旨です。

4.3.2 相手方の悪意・重過失および共通錯誤

表意者に重過失があっても，相手方が錯誤について悪意であるか重過失がある場合，共通錯誤の場合は，取消しが可能です。民法（債権関係）改正民法は，この点について明文の規定を置きました（95条3項）。共通錯誤とは，契約当事者の双方が同一の錯誤に陥っている場合をいいます。従来から，共通錯誤については，相手方の事情も考慮すべきであり，相手方も錯誤に陥っていたのであるから，仮に表意者に重過失があっても契約を有効にして相手方を保護すべき正当な利益はないとされていました（大阪地判昭和62年2月27日判時1238号143頁，大阪高判平成29年4月27日判時2346号72頁）。

Case 8-4 では，Cの錯誤により代金額についてほぼ100倍の違いが生ずるので，この錯誤は重要なものです。Cに重過失がない場合，またはCに重過失があってもDが悪意もしくは善意・重過失である場合，または共通錯誤の場合は，Cは売買契約の意思表示を取り消せます。

4.4　第三者との関係

　民法（債権関係）改正前民法には，錯誤と第三者の関係に関する規定はなかったので，錯誤の無効を第三者に対しても主張できるとするものが有力でしたが，96条3項を類推し，第三者に主張できないとするものもありました。民法（債権関係）改正民法は，錯誤による意思表示の取消しは，善意で，かつ過失がない第三者に対抗することができない（95条4項）とし，この点について明文の規定を置きました。

4.5　錯誤に陥った表意者の損害賠償責任

　錯誤に陥った表意者の損害賠償責任については，わが国の民法には規定がありません。意思表示が取り消されれば契約は無効となりますので契約責任は生じません。仮に損害が生じていれば，不法行為または契約締結上の過失の理論により請求することになります。取消しの制度が，有効・無効を問題とするものであるのに対し，損害賠償の制度では，過失相殺（722条2項）により当事者の利害を細かく調整できる点に利点があります。

Column　錯誤の主張ができる者

　民法（債権関係）改正前は，錯誤の効果は，無効でした。そこで，表意者に要素の錯誤がある場合に表意者以外の者からの錯誤無効の主張を許すかという問題が生じました。錯誤はもっぱら表意者を保護するための制度であることを重視すれば，表意者以外からの主張を認めるべきではありません。このような状況から，錯誤無効を「取消的無効」と呼ぶことがありました。そこで，民法改正の議論では，効果意思のない意思表示を無効とする意思理論からははずれますが，動機の錯誤を取り込んだ上で，錯誤の効果を取消可としました。取り消し得るのは，取消権者である表意者等（120条2項参照）だけです。

5 詐　欺

5.1　詐欺の意義

Case 8-5　Aは，Bに騙されてAの所有する土地をBに売り，その登記をBに移転した。Bは，その土地をさらに，そのような事情を知らず，かつ，それについて過失のないCに売り，Cに登記が移転された。Cは，土地の所有権を取得できるか？

詐欺とは，騙されて効果意思を形成し意思表示をすることです（**図表8－8**）。詐欺による意思表示は，取り消すことができます（96条1項）。騙されてした不本意な意思表示について取消権を与え，表意者を保護することがこの趣旨です。

詐欺は，欺罔行為によって人を錯誤に陥れることで，相手方は動機の錯誤に陥ります。欺罔という行為に違法性があります。欺罔によって不本意な（瑕疵ある）意思表示をしています。欺罔行為には，①欺罔によって錯誤に陥らせる故意と②錯誤に陥らせて意思表示をさせる故意という二重の故意が必要です。この立証は難しく，詐欺の認定を困難にしています。また，セールストークは，その目的，手段を相関的に判断し，違法でないとされる場合は，詐欺にはあたりません。沈黙は，告知義務があるとき以外は詐欺になりません。単に知っていることを告知しないことは，詐欺にはなりませんが，信義則上，告知義務がある場合に，二重の故意によって沈黙した場合，沈黙による詐欺となります。

5.2　第三者による詐欺

第三者による詐欺については，相手方がその事実を知り，または知ることができたときに限り，意思表示を取り消すことができます（96条2項）。

図表 8 − 8 ▶▶▶ 詐欺（民法 96 条）

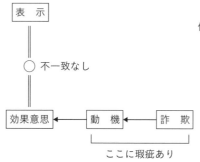

伝統的理解によれば
　表示に対応する意思は存在する
　　←意思が欠缺しているわけではない
　　←しかし意思形成過程に瑕疵がある
　　　（瑕疵ある意思表示）
原則：取消可
例外：取消しによる無効を善意・無過失の第三者に対抗できない

5.3　第三者との関係

5.3.1　取消前の第三者

　詐欺による意思表示の取消しは，善意でかつ過失のない第三者に対抗することができません（96 条 3 項）。第三者とは，詐欺による取引を前提にその取消前に取引関係に入った者をいいます（**取消前の第三者**）。取消しにより，詐欺による意思表示が遡って無効となるので，第三者も影響を受けます。詐欺にかかった者の利益も尊重しなければならないが，詐欺を無過失で知らずに取引関係に入った第三者を犠牲にしてまで保護する必要はないという考慮に基づきます。これにより，取消しの遡及効が制限されます。

　ここでいう「第三者」であるために登記が必要かについては議論があります。ここで問題となるのは，本章 3.2.3 と同様，「善意・無過失の第三者」が保護されるための資格としての登記です（ただし，判例は「対抗要件」という用語を使います）。最高裁は，仮登記をした第三者を保護しました（最判昭和 49 年 9 月 26 日民集 28 巻 6 号 1213 頁〈百選Ⅰ23〉）。この判決の評価は分かれています。本来登記が必要であるが，仮登記をしていたからこそ保護されるとした（この事例では，目的物が農地であり，直ちに本登記ができなかったという事情があります）とする見解と，仮登記は本登記でないから登記がなくても第三者が保護されるとしたとする見解があります。

Case 8-5 では、取消前の第三者との関係が問題となります。Aは、Bとの売買契約の意思表示を詐欺によるものとして取り消すことができますが、この取消しを善意・無過失のCに対抗できません。この結果、Cとの関係では、Aは意思表示の取消しを対抗できず、Cは所有権を取得できます。

5.3.2 取消後の第三者

詐欺による取消後に、詐欺によってなされた法律行為を前提として法律関係に入った第三者を**取消後の第三者**といいます。判例は、この場合、取消しの遡及効によって第三者が害されているわけではないとして、取消後の第三者は96条3項の第三者ではないとし、取り消した者と取消後の第三者の関係を対抗問題として処理します（大判昭和17年9月30日民集21巻911頁〈百選Ⅰ55〉）。この見解は従来の通説となりました。学説には、94条2項の類推適用により善意（・無過失）の第三者を保護する見解があります。この見解は、さらに96条3項の適用時期の区別について、取り消し得ることを知った時、取消可能時とする考え方に分かれます。取消権者と第三者の利益のバランスをどこでとるかという考えの違いによります。

5.4 詐欺の場合の錯誤の主張

詐欺は錯誤を要素としています。したがって、詐欺によるとされる意思表示に錯誤が認められることがあります。詐欺と錯誤は、要件が異なりますので、それぞれの要件が満たされれば、それぞれ主張できます。

> **Column　仮登記の効力**
>
> 仮登記とは、本登記（普通の登記を、仮登記と区別する場合にこのようにいいます）をするのに必要な形式的または実質的要件を備えていない場合に、将来の本登記の順位を保全するためにあらかじめする登記です。後にすべての要件を備え、本登記をすれば、仮登記の時に遡って対抗力が生じます（順位保全の効力）。

6 強迫

6.1 強迫の意義

Case 8-6　Aは，Bに脅されてAの所有する土地をCに売り，その登記をCに移転した。Cは，その土地をさらに，そのような事情を知らないDに売り，Dに登記が移転された。Dは，土地の所有権を取得できるか？

強迫とは，脅されて効果意思を形成し意思表示をすることです（図表8－9）。強迫による意思表示は取り消すことができます（96条1項）。脅されてした不本意な意思表示に取消権を与え，表意者を保護することがこの趣旨です。

強迫とは，他人に害意を示し，恐怖の念を生じさせる行為です。意思が表示されても，恐怖によってやむを得ず（瑕疵ある）意思表示をしています。強迫行為には，①強迫によって意思決定の自由が妨げられた状態に置く故意と②意思決定の自由が妨げられた状態で意思表示をさせる故意が必要です。詐欺同様，二重の故意が必要です。ただ，ある種の害意を示す行為であっても，その目的，手段を相関的に判断し，違法でないとされる場合は，強迫にはあたりません。また，拳銃を突きつけられて署名押印する場合のように，暴力により完全に判断する自由が奪われ，意思表示がなされたかのような外観があるに過ぎない場合は，効果意思がないので，そもそも意思表示が無効です（最判昭和33年7月1日民集12巻11号1601頁）。

6.2 第三者による強迫

第三者が強迫して意思表示をした場合については，詐欺に関する96条2項と同様の規定はありません。異論もありますが，一般に，96条2項は反対解釈され，第三者の強迫による意思表示については，取消しができます。

図表 8 − 9 ▶▶▶ 強迫（96 条）

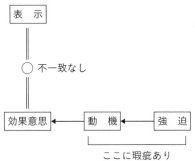

伝統的理解によれば
　表示に対応する意思は存在する
　　←意思が欠缺しているわけではない
　　←しかし意思形成過程に瑕疵がある
　　　（瑕疵ある意思表示）
原則：取消可
例外：なし
　　（96条2項・3項に相当する規定なし）

Case 8-6 では，第三者の強迫による意思表示であり，取消しできます。また，その取消しは，善意・無過失の第三者に対抗できます。目的物が転売された場合も同様です（6.3.1 参照）。

6.3　第三者との関係

6.3.1　取消前の第三者

　第三者との関係について 96 条 3 項と同様の規定はありません。異論もありますが，一般に，96 条 3 項は反対解釈され，強迫による意思表示については，その取消しを善意・無過失の第三者に対抗できます。

Column　強迫と脅迫

　民事法では「強迫」，刑事法では「脅迫」という用語を用います。強迫は，意思決定の自由を恐怖によって妨げること，脅迫は，生命，身体，自由，名誉，財産に害を加えるとして恐怖を与えることです。定義上は，強迫が脅迫に比べ加害対象に制限のない分だけ広いともいえます。刑事法では，罪刑法定主義により用語の内容が明確でなければなりません。

6.3.2 取消後の第三者

詐欺の場合と同様に，対抗問題となるとするのが，通説・判例です。詐欺の場合と同様に，94条2項を類推する議論があります。

> **Discussion** 議論しよう
>
> **不動産取引において，動的安全（取引の安全）の保護と静的安全（真の権利者の権利）の保護のバランスをどのようにとるべきかを検討してみましょう。真の権利者を犠牲にして，公示を信頼した者を保護すべきか否かが問題です。**

第9章 代 理

Learning Points

▶法律行為は，自分自身で行う以外に，他人に行ってもらうことができます。これが「代理」です。代理には，法の定めによる場合と当事者の意思による場合があります。本章では，これらの制度を学びます。

▶代理と類似する制度がいくつかあります。本章ではあわせてこれらの制度を学びます。

Key Words

代理　代理権　法定代理　任意代理　代理権の濫用

1　代理の意義

小さな子どもも権利能力がありますが，自分の判断で取引をすることができません。また，同じ日に東京と名古屋で重要な商談をしたいとき，信頼できる人が自分に代わって交渉できれば，両方の商談をまとめることが可能です。このような問題を扱うのが**代理**です。

> **Case 9-1**
> Aは，Aの19歳の娘Bを代理して，BとCとの婚姻の約束をした。Aの行為は，Bに効果帰属するか？

> **Case 9-2**
> Dの代理人であるEは，Dを代理するつもりで，誰が買主かをはっきりさせず，Dのために土地を購入した。Eの行為は，Dに効果帰属するか？

1.1 代理の構造

1.1.1 私的自治と代理

　私的自治の考え方によれば，行為者の法律行為の法的効果は行為者に帰属するのが原則です。これに対し，代理の制度は，法律行為の当事者となる者以外の者が意思表示をし（能動代理），あるいは受け（受働代理），その効果として当事者とされるべき者に法律効果が帰属することを認めます。代理とは，代理権の存在により，実際に法律行為（契約締結行為）を行う者と，法律上の効果が帰属する者とを別にすることを可能とする制度です。他人の行為によって法的効果が帰属するので，私的自治の原則に照らせば例外的です。もちろん，代理人の法律行為が有効であることが前提です。

　代理では，本人Aと代理人Bの関係（**内部関係**）と，本人A・代理人Bと相手方Cの関係（**外部関係**）が問題となります。内部関係は，主に代理権の問題として扱われ，外部関係は，主に代理行為の問題として扱われます。

図表9－1 ▶▶▶ 代理の構造

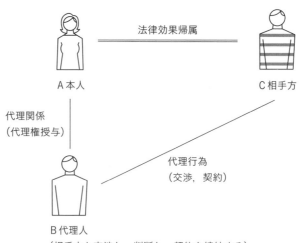

注：内部関係…AとBの関係，外部関係…A＋BとCの関係。

それぞれ規律する側面が異なります（図表9－1）。

1.1.2 代理の許される範囲

催告（20条など）のような意思の通知，債権譲渡通知（467条）のような観念の通知には，代理の規定が類推適用されるので，代理が許されます。これに対し，意思表示のうち，特に本人自身の意思表示を絶対に必要とするものについては，代理は認められません。代理に親しまない法律行為としては，婚姻，認知，遺言のような身分上の意思表示が典型ですが，例外として，15歳未満の養子縁組（797条）には代諾養子縁組が認められています。また，不法行為，事実行為（拾得，発見，加工）（240条，241条，246条）には，代理が認められません。

Case 9-1 では，AはBの法定代理人で，包括代理権がありますが，婚姻の意思表示は代理に親しまない行為ですので，代理することはできません。

1.2 代理の存在理由

1.2.1 私的自治の拡張（拡大）

社会活動の規模や範囲が拡大すると，自分1人ではその法律関係をすべて処理できない場合が多くなります。そのような場合に，自分の責任において信頼できる他人を選任し，自分の代わりに他人に法律事務を処理させ，自分にその法律効果を帰属させるという制度が社会的に必要となります。これにより，法的活動に対する事実的制約が克服できます。

1.2.2 私的自治の補充

権利能力はあっても意思能力や行為能力がない者は，自分では法律関係を処理できません。そのような者のために，親権者や後見人が代わって法律行為をする必要があります。これにより，法的活動に対する法的制約が克服できます。

1.3 代理行為

代理人がその権限内において本人のためにすることを示してした意思表示は，本人に対して直接にその効力を生じます（99条1項）。代理では，「～のため」という用語で，意図する法律効果の帰属先を示します。法律行為の当事者となる者を明らかにするもので，利益，目的（目標）とは無関係です。

代理行為の効果が本人に帰属するための要件は，意思表示をした者に代理権が存在することと，その者が代理権に基づき，代理権の範囲内で，本人のためにすること示し（顕名），意思表示をすることです。代理権のある者の行為が代理行為であり（厳密には，代理行為の前に代理権授与がなされる必要があります），代理権がない場合は無権代理となります（加えて，場合によっては，表見代理が問題となります）。顕名がない場合は，100条の問題（商法504条も参照）となります。

Case 9-2 では，Eの行為について顕名がなく，Dに効果は帰属しません。

1.4 代理の分類

代理は，いろいろな観点から分類が可能です。ここでは，2つの観点からの分類をみます。

1.4.1 法定代理・任意代理

法の規定に基づき代理人に代理権が与えられるものを，**法定代理**といいます。たとえば，未成年者の親権者・後見人，成年後見人，代理権を与えられた保佐人・補助人，不在者財産管理人がこれにあたります。

本人の信任に基づく委託により代理権が与えられるものを，**任意代理**といいます。代理権は，委任契約のみでなく，雇用契約や請負契約によっても発生します。法人の代表は，包括代理である点で若干異なります（2.3参照）。

法定代理，任意代理を区別する実益は，代理行為の瑕疵の判定（101条3項），復代理人の選任（104条，105条），代理権の消滅（111条2項）で現

れます。また，法定代理に表見代理の適用があるかについて議論があります。詳しくは，第10章2.3と2.4で学びます。

1.4.2 能動代理・受動代理

代理人が相手方に対し意思表示をなすものを，**能動代理**といいます。代理人が相手方からの意思表示を受領するものを，**受動代理**といいます。民法は，能動代理に関する規定を受働代理に準用することとしています（99条2項）。代理行為の瑕疵の事実の有無を決する者については，能動代理と受動代理で区別して規定が置かれています（101条1項，2項）。

2 代理の類似制度

2.1 使 者

2.1.1 使者の意義

使者は大きく2つに分けて説明されます。1つは本人の完成した意思表示をそのまま伝達するもの（**伝達機関としての使者**）で，たとえば本人の作成した書面，音声を届けるような場合が該当します。もう1つは本人の決定した意思を相手方に表示し，その意思表示を完成させるもの（**表示機関としての使者**）で，たとえば，本人の意思を口頭で伝えるような場合が該当します。いずれにしても，使者の場合は意思決定をするのは本人であり，代理の場合は代理権の範囲で代理人が意思決定するという点で異なります。ただ，能動的意思表示の場合の区別は明瞭ですが，意思表示の受領の場合は区別が不明瞭ではあります。

2.1.2 使者と代理の相違

婚姻の意思表示のように，本人の意思決定が必要であるという理由から代

理の許されない行為についても，使者が許されることがあります。行為能力の点では，制限行為能力者が代理人としてした行為は行為能力の制限によって取り消せません（102条本文）が意思能力は必要なのに対し，使者の意思能力は不要です。瑕疵の判断（意思の不存在，錯誤，詐欺，強迫，またはある事情を知っていたこともしくは知らなかったことにつき過失があったこと）の点では，代理では代理人が基準（101条1項，2項），使者では本人が基準となります。表示の誤りがあった場合，代理では無権代理の問題となり，使者では表示上の錯誤の問題となります。

2.2 間接代理

他人の計算で自己の名において取引する法律行為を，**間接代理**といいます。典型例は商法上の問屋(といや)（商法551条）です。「**〜の計算で**」という用語は，経済的な利益・損失をその者に帰属させることを意味します。たとえば，証券会社は顧客に利益・損失を帰属させ，証券会社自身の名において株の取引をします。

2.3 代　表

法人は，代表機関の行為により，直接，権利を取得し，義務を負います。この観点では，法人が本人，代表機関が代理人とすれば，代理と非常に似ています。しかし，代表機関は，法人の一部ともいえ，代理人のように本人と相対立する地位にありません。また，代表は，準法律行為や不法行為についても認められますが，代理は，意思表示ないし法律行為に限られます。

3 代理の内部関係

3.1 代理権の発生

3.1.1 任意代理

Case 9-3　Aは，代理権がないのに，勝手にBの代理人として称して，Bの所有する土地をCに売却する契約を締結した。Aの行為は，Bに効果帰属するか？

　任意代理では，代理権は本人の代理権授与行為により発生します。代理権授与行為は，代理権授与の意思表示によります。代理権授与行為に方式は要求されませんので，書面は必要でなく，口頭でもよいです。黙示の代理権授与も認められます。ただ，代理権の存在は，通常，委任状によって示されますので，本人名，代理人名，相手方名，委任事項（代理権の内容）を記載し，本人が署名，捺印した委任状が作成されることが普通です（**図表９－２**）。以上の事項のうち一部が空白のものを白紙委任状といいます。

　本人と代理人との間にある委任，請負等の契約との関係をどう考えるか，いい換えれば代理権授与行為が委任，請負等の契約とは別に必要かという問題があります。立法者は，委任契約により直接代理権が発生すると考えていましたが，現在では，対外関係（代理）と対内関係（委任など）の峻別を前

図表９－２▶▶▶委任状（相手方白地）の例

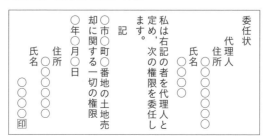

提に，何らかの形で代理権授与行為の必要を認める考え方が一般的です。結局，代理権授与に伴う関係が代理で，それとは別に契約関係が検討されることになります。なお，民法は，任意代理を「委任による代理」と表現することがありますが，いま見たように任意代理は委任によるものに限られません。

　代理権授与行為の法的性質が契約か単独行為かという問題があります。契約であれば，申込みと承諾により契約が成立します。単独行為であれば，本人の一方的意思表示により成立します。単独行為説の主張する理由のうち，重要なものは相手方保護です。契約だとすると，代理人が制限行為能力者である場合，代理人は代理権授与の契約を取り消せるので，取り消されれば代理行為は遡って無権代理だったことになり，相手方が不測の損害を被るというのです。この点について契約説は，代理権授与の契約は取り消せない，あるいは取消しの効果が遡及しないとして，相手方の保護を図ることは可能だと反論していました。現在は，単独行為とする説が有力です。

　Case 9-3 では，A は代理権の授与を受けておらず，A の行為は無権代理であり，B には効果が帰属しません。

3.1.2　法定代理

　代理権は，法律の規定によって発生します（824条本文，859条1項など）。

3.1.3　復代理人の選任

　代理人が自分の権限内の代理行為を行わせるため，自分の名でさらに代理人を選任し，本人を代理させることを**復代理**といい，その代理人を**復代理人**といいます。代理人は復代理人を選任しても代理権を失いません。

　代理人は，原則として，自ら，代理行為を執行する義務を負います。特に，任意代理では，本人と代理人の信頼関係が代理の基礎にあります。代理人が復代理人を自由に選べると，本人が代理人を信頼して選任したのが無意味になりかねません。そこで，任意代理人は，本人の許諾を得たとき，またはやむを得ない事由があるときでなければ，復代理人を選任することができません（104条）。やむを得ない事由があるとは，復代理人を選任しなければ本

人の利益が害され，かつ，本人の許否を得られる状況になかったことです。任意代理人は自由に辞任できるので（651条1項），このような制限を課しても任意代理人の負担になるわけではありません。

これに対し，法定代理では，代理人は本人が選任した者ではなく，代理権の範囲も広いので，法定代理人は，自己の責任で復代理人を選任することができます（105条前段）。この場合において，やむを得ない事由があるときは，本人に対してその選任および監督についての責任のみを負います（105条後段）。

復代理人は，その権限内の行為について，本人を代表します（106条1項）。復代理人は，本人および第三者に対して，その権限の範囲内において，代理人と同一の権利を有し，義務を負います（106条2項）。これにより，復代理人の行為は，直接，本人に効果が帰属します。

3.2 代理権の範囲

任意代理では，代理権の範囲は代理権授与行為により定まります。範囲が不明確な場合は，代理権授与行為の解釈によりますが，少なくとも103条に定められた行為（保存行為，利用行為，改良行為）ができます。代理権の範囲を超えた場合は，無権代理，表見代理の問題となります。

法定代理では，代理権の範囲は，法定されています。

3.3 代理権に対する制限

3.3.1 自己契約・双方代理の禁止

Case 9-4　Dは，Dが親権を持つDの19歳の娘Eを代理して，Eが所有する土地を，D自らが買い取る契約を締結した。Dの行為は，Eに効果帰属するか？

同一の法律行為について，相手方の代理人として（**自己契約**），または当

事者双方の代理人として（**双方代理**）した行為は，代理権を有しない者がした行為とみなされます（108条1項本文）。自己契約，双方代理は，事実上，代理人が1人で契約するので，本人の利益が不当に害されるおそれがあるからです。この結果，無権代理となります。ただし，債務の履行および本人があらかじめ許諾した行為については，この限りではありません（108条1項ただし書き）。本人の利益が害されるおそれがないからです。この例として，所有権移転に伴う移転登記手続（最判昭和43年3月8日民集22巻3号540頁），代理人の自己契約が本人の利益のみのための場合（たとえば，代理人から本人への贈与）があります。

自己契約，双方代理に該当しなくても，代理人と本人との利益が相反する行為については，代理権を有しない者がした行為とみなされます（108条2項本文）。この結果，無権代理となります。従来は，本人が相手方に代理人の選任を委ねる合意を無効としたり（大判昭和7年6月6日民集11巻1115頁），包括的代理権を有する代理人が本人を自己の保証人とする契約に108条1項本文を類推適用するなどして処理されてきましたが，民法（債権関係）改正により明文規定が置かれました。ただ，本人があらかじめ許諾した行為については無権代理とならない（108条2項ただし書き）ことは同様です。

自己契約・双方代理の禁止は一般に法定代理にも適用されます。特別の利益相反行為禁止の制度（826条，860条）があるものは，利益相反行為禁止制度が優先します。

|Case 9-4|では，Dの行為は自己契約でEの利益と相反しますので利益相反行為となり，Eのために特別代理人を選任する必要があります（826条1項）。Dの行為は無権代理行為となり，Eには効果が帰属しません。

3.3.2 共同代理

数人が同一事項について代理権を有する場合ですべての代理人が共同してのみ（ただ，同時でなくてもよく，順次でもよい）代理行為を行い得る場合を，**共同代理**といいます。たとえば，法定代理では，父母の親権は婚姻中は

共同して行うことを原則とします（818条3項本文）。任意代理は，単独代理が原則ですが，本人が共同代理とすることができます。

共同代理であるにもかかわらず，単独ないしはその要件を満たさずなされた行為は，無権代理（権限ゆ越の代理行為）です。

3.4 代理権の消滅

法定代理，任意代理を問わず，すべての代理に共通の消滅事由として，本人の死亡（111条1項1号），代理人の死亡，破産手続開始，後見開始の審判（111条1項2号）があります。本人の死亡については，当事者間で本人の死亡によっても代理権が消滅しない旨の合意が可能です（最判昭和31年6月1日民集10巻6号612頁，最判平成4年9月22日金法1358号55頁）。また，商行為の委任による代理権は，本人の死亡によって消滅しません（商法506条）。

任意代理については，委任の終了（111条2項）等，代理権の基礎が失われることにより，代理権が消滅します。

代理権授与の後，本人が意思能力を喪失したり，後見開始の審判を受けても，当然には，代理権は消滅しません。これに関連して，高齢者の財産管理との関係で任意後見制度が設けられています。

4 代理の外部関係

4.1 顕　名

代理行為の効果が本人に帰属するためには，代理人が本人のためにすることを示すこと（99条1項），すなわち，法律行為の当事者となる者が本人であることを明らかにして代理行為をする必要があります。これを**顕名**（けんめい）といいます。顕名は，能動代理の場合は代理人が相手方に対し表示し，受動代理の

場合は相手方（意思表示をする者）が代理人に対し表示します。顕名は，通常，「A代理人B」として行い，口頭でも書面でも可能です。

顕名があるか否かは，一般に，表示のなされた周囲の事情から判定します。たとえば，「A鉱山出張所主任B」は，職業の表示でなく顕名です（大判明治40年3月27日民録13輯359頁）。また，直接本人の名前で行為した場合，たとえば，幼児の名前で預金するなど，意思能力のない未成年者の名義でなされた場合は，適法の代理人によってなされたものと推定されます（大判大正9年6月5日民録26輯812頁）。なお，100条ただし書きの場合の相手方の主観的事情についての立証責任は，代理の効果が本人に帰属すると主張する者にあります。

顕名のない行為は，代理人のためになされたものとみなされます（100条本文）ので，代理人自身の意思表示とみなされることになります。この規定の意義は，代理人に錯誤無効の主張を許さないことにあります。すなわち，代理人自身に帰属させる効果意思はないのですが，錯誤無効の主張は許されないことになります。この規定の趣旨は表意者自身の意思表示と信じている相手方の保護にあります。なお，商法には，顕名がなくても本人に効果が帰属する例外規定があります（商法504条本文）。

4.2 代理権の濫用

代理人が内心では自己または第三者の利益を図るため，形式的には本来の代理権の範囲内で代理行為をした場合を，代理権の濫用といいます。従来は，学説には，無権代理として，表見代理の問題とするものありましたが，形式的には代理権の範囲内の行為であり，原則として，本人に効果が帰属するということを前提としていました。しかし，相手方が代理人の濫用の意図を知っている場合はこの結論は妥当ではありません。そこで，判例は改正前93条ただし書きの類推適用により本人の保護を図っていました（最判平成4年12月10日民集46巻9号2727頁（法定代理），最判昭和42年4月20日民集21巻3号697頁〈百選Ⅰ26〉（任意代理））。また，学説では，代理人の

権限濫用の意図を知り，または過失もしくは重過失でそれを知らないときは，信義則により相手方は代理行為の効果を本人に主張できないとする説が有力でした。民法（債権関係）改正では，代理権が濫用された場合に，相手方がその目的を知り，または知ることができたときは，その行為は，代理権を有しない者がした行為とみなすとして（107条），相手方の主観を基準として代理権濫用を無権代理として扱う場合を定めました。

Discussion　　　　　　　　　　　　　　　　　議論しよう

　代理の制度がないと，どのような点で困るかを考えてみましょう。また，代理制度を使う際にどのような点に気を付けるべきか，本人，代理人，相手方の立場から，それぞれ話し合ってみましょう。

第10章 無権代理と表見代理

Learning Points

▶代理権がないのに代理人と称して契約が締結された場合，その契約はどうなるのでしょうか。本人とされた者に何らの関与がないのに，本人に効果が帰属する理由はありません。反対に，本人の関与があり，相手方が代理権があると信ずる理由があれば，本人に効果が帰属してもよいでしょう。

▶無権代理として本人に効果が帰属しない場合には，無権代理人に責任を取らせる必要があります。本章では，無権代理の場合の法的関係について学びます。

Key Words

無権代理　表見代理

1 無権代理

1.1 無権代理の意義

代理人と称して行為した者に代理行為の代理権がない場合を，**広義の無権代理**といいます。広義の無権代理のうち，表見代理が成立するものを除いたものを**狭義の無権代理**といいます（図表10－1）。表見代理は，代理権を与

図表10－1 ▶▶▶狭義の無権代理

初めから全く代理権がない場合

　　　　　　　　　　　　　　　　　　　　　　　➡狭義の無権代理
　× 代理人と称する者の行為　　　　　　　　　本人の追認の可能性
　　　　　　　　　　　　　　　　　　　　　　　無権代理人の責任

えた旨の表示だけある場合，いったん与えられた代理権が後に消滅した場合，代理行為が代理権の範囲を越えている場合について規定があります。

無権代理では，本人には効果が帰属しないのが原則です。しかし，これでは，相手方が不測の損害を被りますので，無権代理人の責任，表見代理の制度により，相手方の保護を図っています。

1.2 無権代理行為と追認・追認拒絶

1.2.1 無権代理行為の効力

> Case 10-1　Aは，委任状等を偽造し，勝手にAの父Bの代理人だとしてBの所有する土地をCに売ってしまった。AがCとの間でした契約の効力は，Bに帰属するか？

　無権代理行為によっては，本人に法的効果が帰属しません。また，法的効果の帰属先として本人を示し，顕名していますので，代理人に効力が帰属することにもなりません（後に説明するように無権代理人として責任を負わされることはありますが，別問題です）。他方，無権代理行為であっても本人の追認が得られれば有効な代理行為となり（113条参照），法的効果が本人に帰属します。追認には，事後的に代理権を与えるのと同様の効果があります。追認を得られる可能性がありますので，無権代理行為は，全く無効というわけではなく，効果が不確定な状態にあるものということができます。本人は，追認してもよいですし，追認を拒絶してもよいです。

　Case 10-1 では，Bに法的効果を帰属させる法的根拠がなく，AとCがした契約の効力はBに帰属しません。

1.2.2 追　認

　代理権を有しない者が他人の代理人としてした契約は，本人がその追認をしなければ，本人に対して効力を生じません（113条1項）。追認は，本人

がすでになされた無権代理行為について，その効果を受けてもよいと考え，無権代理行為を有効なものに確定させるもので，追認権は形成権です。形成権は一方的な意思表示により法的効果が生ずる権利です。たとえば，解除権，取消権もその権利が行使されると法的効果が生ずるので，形成権です。

　追認またはその拒絶は，本人が相手方または無権代理人に対し意思表示をすることによって行います。それらは，相手方に対してしなければ，その相手方に対抗することができません（113条2項本文）。ただし，相手方がその事実を知ったときは対抗できます（113条2項ただし書き）。追認またはその拒絶があったことを相手方が知っていれば問題ないからです。

　追認は，相手方の同意を得て異なる効果を持たせることが可能ですが，原則として，契約の時にさかのぼってその効力を生じます（116条本文）。ただし，第三者の権利を害することはできません（116条ただし書き）。

　本人が追認を拒絶すると，本人に対して効果が生じないと確定します。いったん追認を拒絶すると，後に本人が追認拒絶を撤回して改めて追認することはできません。本人が追認拒絶権を有することは，無権代理行為が本人のあずかり知らぬところでなされたことから当然です。

1.3　無権代理と相続

1.3.1　問題の所在

　無権代理行為があった場合に，本人が追認または追認拒絶をしていないとき，本人または無権代理人が死亡し，両者の間に相続が生ずることがあります。相続人は，相続開始の時から，被相続人の財産に属した一切の権利義務を承継します（896条本文）ので，無権代理行為をいかに扱うかが問題となります。「**無権代理と相続**」と呼ばれる問題です。

　被相続人が死亡する前に本人が追認または追認拒絶をしていれば，それにより効果が確定していますので，無権代理と相続の問題は生じません。たとえば，本人が追認を拒絶した後で無権代理人が本人を相続した場合は，無権

代理行為は当然に有効となるものではありません（最判平成 10 年 7 月 17 日民集 52 巻 5 号 1296 頁）。このことは単独相続，共同相続を問わず妥当します。

1.3.2 無権代理と単独相続

　従来の判例との関係で，まず単独相続について見ます。共同相続の場合も含めて同一の考え方で処理できないかという観点からの議論があります。

(1) **本人が死亡し，無権代理人が本人を単独相続した場合**

　本人が死亡し，無権代理人が本人を単独相続した場合，判例は，無権代理人の地位と本人の地位が同一人に帰属することになることから本人がしたのと同じになり，無権代理行為が当然に有効となるとします（最判昭和 40 年 6 月 18 日民集 19 巻 4 号 986 頁）。この判例の問題点として，相手方の取消権（115 条）を無視していること，無権代理人の責任（117 条）の追及ができないことがあげられます。そこで，学説では，無権代理人には，相続による本人としての地位と無権代理人としての地位が併存し，相手方から本人としての地位での追認を求められたら，信義則により拒絶できないとすべきとする考え方が有力です。また，無権代理人による追認拒絶を認め，無権代理人の責任で処理すればよいとするものもあります。これらによれば，相手方の取消権，無権代理人の責任をそれぞれ認めることができます。

(2) **無権代理人が死亡し，本人が無権代理人を単独相続した場合**

　無権代理人が死亡し，本人が無権代理人を単独相続した場合，判例は，本

> **Column　誰が相続するか**
>
> 　被相続人（死亡した人）の相続人は，配偶者，および順位を付けて①子（代襲者を含む），②直系尊属（親等の近い者を優先する），③兄弟姉妹（代襲者を含む）です。①②③は先順位の者が 1 人でもいれば相続人となりません。現在では，相続は，数人が相続人となる共同相続が原則ですが，相続人が 1 人の場合には単独相続となります。
>
> 　代襲者，尊属，親等などの用語の意味は，各自で調べてみてください。

人が追認拒絶できるとし，また本人の追認拒絶は信義則に反しないとします（最判昭和37年4月20日民集16巻4号955頁〈百選Ⅰ35〉）。ただ，本人として追認の拒絶ができるとしても，無権代理人の地位を相続しているので，無権代理人の責任を負うことになります（最判昭和48年7月3日民集27巻7号751頁）。

(3)本人と無権代理人の双方を単独相続した場合

本人と無権代理人の双方を単独相続した場合，判例は，相続が生じた順序に従い，上記の(1)か(2)として扱うとします（最判昭和63年3月1日家月41巻10号104頁）。この判例に対し，相続の順序は偶然によるから，それによって結論が異なるのは妥当でないとの批判があります。これによれば，地位が併存するとする限り追認拒絶は可能となります。ただ，本人として追認の拒絶ができるとしても，無権代理人の地位を相続しているので，無権代理人の責任を負うことになります。

1.3.3 無権代理と共同相続

(1)本人が死亡し，無権代理人を含む複数の者が本人を共同相続した場合

本人が死亡し，無権代理人を含む複数の者が本人を共同相続した場合，判例は，追認拒絶権は，共同相続人全員に不可分的に帰属し，他の共同相続人全員が無権代理行為を追認しているのに，無権代理人のみが追認を拒絶することは信義則上許されないが，そうでない場合には，無権代理行為は無権代理人の相続分についても当然に有効となるものではないとします（最判平成5年1月21日民集47巻1号265頁〈百選Ⅰ36〉）。ただ，無権代理人は無権代理人の責任を免れません。

(2)無権代理人が死亡し，本人を含む複数の者が無権代理人を共同相続した場合

無権代理人が死亡し，本人を含む複数の者が無権代理人を共同相続した場合を直接扱う最高裁判決はありませんが，(1)にあげた判例を前提とすれば，無権代理行為は本人の相続分についても当然に有効となるものではなく，相続人が追認を拒絶することは，信義則に反しないことになります。この結果，

無権代理人の責任が共同相続されることになります。

1.4 相手方の催告権・取消権

無権代理行為があると，追認または追認拒絶があるまでは，無権代理行為の効果は完全に確定しているわけではなく，相手方は不安定な地位に置かれます。そこで，相手方から効果を確定させる手段が認められます。

1.4.1 催告権

無権代理行為がなされた場合において，相手方は，本人に対し，相当の期間を定めて，その期間内に追認をするかどうかを確答すべき旨の催告をすることができます（114条前段）。これを**無権代理の相手方の催告権**といいます。この場合において，本人がその期間内に確答をしないときは，追認を拒絶したものとみなします。（114条後段）。催告に対し，返答がなくても一定の効果が生ずる点で，権利と評価できます。

1.4.2 取消権

代理権を有しない者がした契約は，本人が追認をしない間は相手方が取り消すことができます（115条本文）。これを**無権代理人の相手方の取消権**といいます。相手方が取り消すことにより，無権代理行為が確定的に無効となり，本人は追認できなくなります。取消しは，本人，無権代理人のいずれに対してしてもよいです。ただし，契約の時において代理権を有しないことを相手方が知っていたときは，取消しができません（115条ただし書き）。無権代理であることを知っていた者は，本人の追認，追認拒絶までは法律関係が不確定になることを覚悟していたはずで，このような者にまで，取消権を与える必要がないからです。

1.5 無権代理人の責任

1.5.1 無権代理人の責任の意義

　無権代理行為は本人に効果が帰属しません。相手方は，契約が本人との間で有効に成立したと考えるので，不測の損害を被るおそれがあります。そこで，他人の代理人として契約をした者は，自己の代理権を証明することができず，かつ，本人の追認を得ることができなかったときは，相手方の選択に従い，相手方に対して履行または損害賠償の責任を負います（117条1項）。これを**無権代理人の責任**といいます。

　履行の責任とは，代理権があれば本人との間に効果が生じたであろう契約から発生する履行責任を無権代理人に負わせることです。この場合には，無権代理人はあわせて契約から生ずる権利も取得することになります。ただ，売主の責任のような責任は無権代理人は履行できませんので，このような場合は事実上，相手方は履行責任を選択できません。また，無権代理行為の内容が特定物の給付である場合に，本人が無権代理人を相続したとき，本人は117条の履行責任を拒めるとするのが通説です。そうしないと，追認拒絶できる意味がなくなるからです。ただ，本人は，無権代理人から相続した損害賠償責任は負います。

　損害賠償の責任とは，契約の効果に代わって相手方に与えられるものであり，履行があったと同一の利益，すなわち履行利益の賠償が内容となります。

1.5.2 無権代理人の責任の成立

　無権代理人の責任は無権代理行為によって生じます。この責任は，無権代理行為をした者が無権代理行為の際に当該行為につき自己に代理権が存在すると信じ，かつ，そう信ずるについて過失がないとしても成立する無過失責任です。この責任は，相手方の保護による取引の安全および代理制度への信頼確保が目的です。そこで，他人の代理人として契約をした者が代理権を有しないことを相手方が知っていたとき，もしくは過失によって知らなかった

とき（他人の代理人として契約をした者が自己に代理権がないことを知っていたときを除きます），または他人の代理人として契約をした者が行為能力の制限を受けていたときは，無権代理人の責任を負いません（117条2項）。無権代理人に無過失責任を負わせる代わりに，相手方にも善意・無過失を要求し，バランスをとりました。また，あわせて判断力が劣る制限行為能力者を保護します。

117条2項2号の「過失」については，表見代理との関係で議論があります。相手方に過失がある場合，表見代理は成立しません（本章2参照）。また，過失ある相手方は無権代理人の責任を追及できません。これでは相手方の保護に薄いとして，117条2項2号の「過失」を重過失と解すべきであるという主張があります。この点につき，判例は，相手方が善意であっても有過失のときは保護に値しないとし（最判昭和62年7月7日民集41巻5号1133頁〈百選Ⅰ34〉），文字通り過失と解するとしています。また，学説では，無権代理人，相手方の双方が悪意または有過失ならば，バランス上，相手方は保護されてもよいはずなので，無権代理人は，信義則上，免責を主張できないとする考え方が主張されています。

1.6 単独行為の無権代理

単独行為について無権代理がなされた場合，たとえば，遺言のような相手方のない単独行為は絶対的無効です。他方，たとえば，取消し，追認，解除，相殺のような相手方のある単独行為は，能動代理，受動代理に区別して，規定があります（118条）。能動代理では，その単独行為の時において，相手方が，代理人と称する者が代理権を有しないで行為をすることに同意し，またはその代理権を争わなかったときに限り，無権代理に関する規定（113条から117条まで）の規定が準用されます。受動代理では，代理権を有しない者に対しその同意を得て単独行為をしたときに，同様に準用されます。

2 表見代理

2.1 表見代理の意義

Case 10-2

①Aは，Aが所有する甲土地の売却についてBに代理権を与えるのでBと交渉して欲しい旨をCに伝えた。後にBの背信行為が発覚したので，AはBを代理人とするのはやめたがこのことをCに伝える前に，Bが勝手に代理人としてCと交渉し，与えたと伝えられていた代理権の趣旨に沿って甲をCに売却する契約を締結してしまった。

②Aは，Bに代理権を与え，Aの所有する甲土地をCに2,000万円以上で売却する交渉をさせたが，Bは，勝手に1,800万円で売却する契約をCと締結してしまった。

③Aは，Bに代理権を与え，Aの所有する甲土地をCに売却する交渉をさせたが，交渉がうまく行かず，AはBの代理をやめさせ，Bの代理権は消滅した。後に，Bは勝手に再度交渉し，甲をCに売却する契約を締結してしまった。

①から③のBの行為は，Aに効果帰属するか？

代理人と称して行為した者に代理権がなければ，その行為の効果は本人には帰属しません。しかし，代理権がなくても，相手方には有効な代理権があ

Column 相手方の主観の立証責任

無権代理人の責任では，無権代理人が相手方の悪意または有過失の立証責任を負います。これに対し，表見代理では，①代理権授与表示の表見代理では，本人が相手方の悪意または有過失の立証責任を負い，②代理権ゆ越の表見代理では，相手方が自己の善意・無過失（正当な理由）の立証責任を負い，③代理権消滅の表見代理では，相手方が自己の善意の立証責任，本人が相手方の有過失の立証責任を負います。したがって，同じ相手方の過失でも，立証帰任においては同一に扱われるわけではありません。表見代理は，すぐ後で学びます。

ると信ずるような事情があり，かつ，そう信ずるについて相手方に不注意がない場合に，本人にも，このような状況を生じさせるのに一定の関与があれば，無権代理行為の効果を本人に帰属させることが認められてよいと考えられます。このことを認める民法の規定として，109条，110条，112条があります。これらの条文は，もともとは，同一の制度として統一的に立法されたわけではありませんでしたが，学説により，本人に一定の帰責性がある場合に，代理権があると信じた相手方の保護を目的とする同一の機能を有する制度として統一的に説明され，これが通説化しました。この制度を**表見代理**といいます。表見代理は，①代理権授与表示，②代理権ゆ越，③代理権消滅に区別されています。

　表見代理の制度趣旨から，表見代理の成立を主張し得るのは相手方のみで，無権代理人は主張できません。また，本人は追認すれば無権代理行為を有権代理行為と同様に自己へ効果帰属させることができますので，表見代理を主張する意味はありません。

　表見代理が認められると，有権代理であったのと同様に本人に効果が帰属します。表見代理が成立したことによって本人に損害が生じた場合には，本人から無権代理人に対し，債務不履行または不法行為に基づく損害賠償の請求ができます。

2.2　代理権授与の表示の表見代理

2.2.1　代理権授与表示

　代理権授与の表示は観念の通知であり，第7章で学んだようにこれは法律効果を発生させる意思表示ではありませんので，これにより代理権は授与されません。したがって，代理権の授与の表示がなされただけで，代理人として一定の行為がなされたとしても無権代理です。しかし，本人が代理権を与えたと表示したからには，自己の代理権授与表示に対して責任を負うべきです。これが本人の帰責事由となります。そこで，第三者に対して他人に代理

権を与えた旨を表示した者は，その代理権の範囲内においてその他人が第三者との間でした行為について責任を負います（109条1項本文）。ただし，第三者が，その他人が代理権を与えられていないことを知り，または過失によって知らなかったときは，第三者を保護する必要がないので，本人は責任を負いません（109条1項ただし書き）。この第三者が代理の相手方です（図表10－2）。

　代理権の授与表示は明示でも黙示でもよいですが，代理権授与の表示をする者の意思的行為であるか，またはその者が表示のなされることを認容している必要があります。たとえば，新聞広告をすることや代理権のない者に委任状を交付する場合が該当します。具体例として，判例で問題となった以下の2つを見ましょう。

(1)白紙委任状による代理

　白紙委任状の濫用として問題となるものに，代理人名が記入されておらず，予定された者以外の者が白紙委任状を使って代理人と称して代理行為をした場合があります。これにより代理権を授与した旨の表示をしたといえるかが問題となります。判例には，白紙委任状は転輾移転を予定していないから代理権授与表示に該当しないとするものがあります（最判昭和39年5月23日民集18巻4号621頁〈百選Ⅰ27〉）が，白紙委任状を交付した趣旨によっては代理権授与表示となり得るとしているとも考えられます。学説では，転輾移転される可能性のある白紙委任状を交付した以上，本人に責任があるので，109条が適用されるとの主張が強いといえます。また，有力説は白紙委任状

図表10－2 ▶▶▶代理権授与の表示の表見代理（109条1項）

代理権を与えた旨の表示があるが，
実際には代理権が与えられていない場合

×代理人と
称する者
の行為

相手方が悪
意・有過失 ➡ 109条1項の表見代理の適用可能性
でない

代理権を与えた旨の表示の範囲

の趣旨によって区別します。すなわち，転輾予定型では，白紙委任状の正当な取得者は誰でも代理人となり，有権代理となるとします。また非転輾予定型では，交付された者が予定された相手と行為した場合は代理権があるので，次に述べる110条の問題とし，それ以外の者と行為した場合は，代理権がないので109条の問題とします。交付された者から白紙委任状を手に入れた者が行為した場合は，代理権がないので109条の問題とします。

(2)他人名義の使用

判例は，名義の使用を明示・黙示に許諾している場合（**名義の使用許諾**）には，法理に照らし，109条の適用があるとします（最判昭和35年10月21日民集14巻12号2661頁）。商法には，名板貸し責任の規定があります（商法14条参照）。

2.2.2 表示された代理権の範囲を越える行為

従来は，この問題を，109条と110条の重畳適用の問題として扱っていました（最判昭和45年7月28日民集24巻7号1203頁〈百選Ⅰ32〉）が，民法（債権関係）改正により，明文の規定が置かれました。第三者に対して他人に代理権を与えた旨を表示した者は，その代理権の範囲内においてその他人が第三者との間で行為をしたとすれば109条1項の規定によりその責任を負うべき場合において，その他人が第三者との間でその代理権の範囲外の行為をしたときは，第三者がその行為についてその他人の代理権があると信ず

図表10－3 ▶▶▶ 表示された代理権の範囲を越える代理行為の表見代理（109条2項）

代理権を与えた旨の表示があるが，
実際には代理権が与えられていない場合

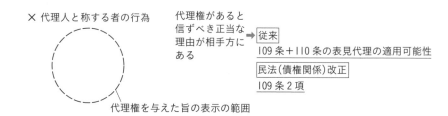

べき正当な理由があるときに限り,その行為についての責任を負います（109条2項)。ここでいう第三者が代理の相手方です（図表10－3）。

2.3 代理権ゆ越の表見代理

2.3.1 代理権ゆ越

代理人がその権限外の行為をした場合において，第三者が代理人の権限があると信ずべき正当な理由があるときは,同様に表見代理が成立します（110条)。ここでいう第三者が代理の相手方となります（図表10－4）。

(1)基本代理権

110条は「代理人」と規定するので，代理権ゆ越の表見代理では，本人が行為者に何らかの代理権を与えていたことが必要です。この代理権を**基本代理権**といいます。全く何も帰責事由のない者に責任を負わせることはできませんが，代理権の範囲を越えて行為をするような者に代理権を与えたこと自体が本人の帰責事由となります。

伝統的理解では，基本代理権は私法上の代理権である必要があるとされました。そこで，判例は，単なる事実行為（最判昭和35年2月19日民集14巻2号250頁)，公法上の行為（最判昭和39年4月2日民集18巻4号497頁）は基本代理権とならないとしました。これに対し，不動産売買に関する

図表10－4 ▶▶▶ 代理権ゆ越の表見代理（110条）

代理権の範囲を越えた場合

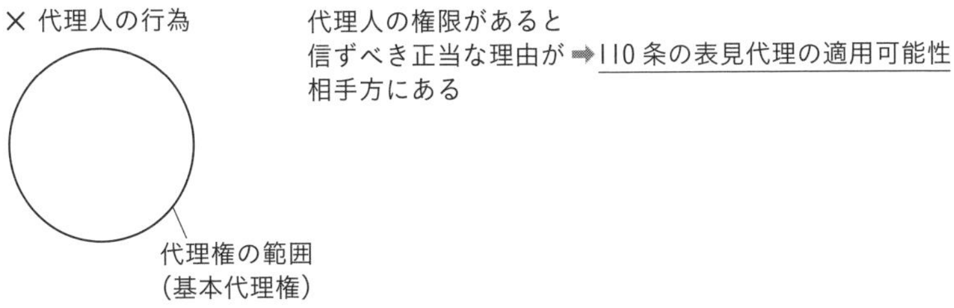

× 代理人の行為

代理人の権限があると
信ずべき正当な理由が ➡ 110条の表見代理の適用可能性
相手方にある

代理権の範囲
（基本代理権）

登記申請手続の代理権は，私法上の取引行為の一環としてなされるときは，基本代理権となるとして（最判昭和46年6月3日民集25巻4号455頁），基本代理権の範囲を緩和しています。さらに，以上の結論を維持しつつ，取引の実態に応じて緩やかに解釈する場合もあります（最判昭和35年6月9日民集14巻7号1304頁）。近時の学説の傾向は，取引の安全の観点から「基本代理権」（本人の帰責事由）の要件は緩く解し，「正当理由」（善意・無過失）の判断で調整する傾向にあります。

(2)代理権ゆ越

代理権のゆ越について，内容的に制約はなく，代理権の内容と代理行為の内容が同種のものである必要はありません。ただ，両者が異質な場合は，正当理由の判断で，否定的に働くことがあります。

(3)正当理由

相手方が代理人に当該代理行為をなす権限があると信じ，かつ，そう信じることについて正当な理由がある場合，言い換えれば，相手方が善意・無過失の場合に正当理由があります。相手方となる第三者は，無権代理行為の直接の相手方でなければならず，転得者の保護は94条2項や192条で図られます。

正当理由の有無は諸般の事情を客観的に観察し個別的に判断されます。考慮要素の具体例として，委任状の有無・内容，実印の押印の有無，印鑑証明書の添付の有無，代理人の職制，取引の種類・内容，代理人と本人の関係があります。他方，外部から分からない内部的事情は考慮しません（具体的な判断例として，最判昭和51年6月25日民集30巻6号665頁〈百選Ⅰ30〉，最判昭和60年11月29日民集39巻7号1760頁〈百選Ⅰ31〉参照）。

正当理由の存在につき，本人の作為・不作為，過失は必要ではありません。しかし，任意代理では，本人側の関与のあり方が正当事由の判断の一要素として考慮されます。

2.3.2 法定代理への適用可能性

判例・従来の多数説は，110条は法定代理にも適用されるとします（大連

図表 10－5 ▶▶▶ 日常家事債務と表見代理

761条と110条の関係（誤）
これは，判例の考え方ではない

761条＋110条の類推適用
判例の考え方

判昭和17年5月20日民集21巻571頁）。これに対しては，法定代理の場合，本人が代理人を選任しているわけなく，果たして本人に帰責事由があるといえるかという批判があります。

夫婦間の日常家事債務についての代理権（761条は，連帯責任と規定しますが，一般に夫婦が相互に代理権を有すると解されています）については注意を要します。判例は，夫婦間の日常家事債務についての代理権が基本代理権となり得るかという問題について，761条の代理権を基本代理権として110条を適用するのではなく，761条に110条の趣旨を類推適用して，第三者の保護を図ります（最判昭和44年12月18日民集23巻12号2476頁〈百選Ⅲ9〉）。たとえば，金銭の借入れでは，相手方（貸主）が当該夫婦の日常家事の範囲内に属すると信ずるにつき正当な理由があるかを問題とすることになります（**図表10－5**）。

2.4　代理権消滅の表見代理

2.4.1　代理権消滅

過去に代理権を有していても，代理権が消滅した後は代理人ではありませ

図表 10－6 ▶▶▶代理権消滅後の表見代理（112条1項）

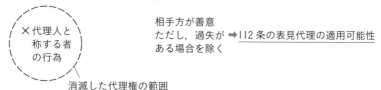

　んので，その者が顕名して行為しても無権代理です。たとえば，代理権を有していた者が代理人を解任され，代理権が消滅した後，その者が過去にあった代理権の範囲で顕名し，契約締結するような場合があります。他人に代理権を与えた者は，代理権の消滅後にその代理権の範囲内においてその他人が第三者との間でした行為について，代理権の消滅の事実を知らなかった第三者に対して責任を負います（112条1項本文）。ただし，第三者が過失によってその事実を知らなかったときは，責任を負いません（112条1項ただし書き）。ここでいう第三者が代理の相手方です（**図表 10－6**）。

(1) **代理権の消滅**

　契約を締結した相手方が消滅した代理権に基づいて過去に無権代理人と取引をしたことは必要ありません。このことは相手方の善意・無過失の判断で考慮します。また，消滅した代理権には，追認によって有権代理となった場合を含みます。

(2) **法定代理への適用可能性**

　法定代理について，判例・通説は代理権消滅の表見代理の適用を肯定します。他方，有力説は，法定代理については本人の帰責性がないので，代理権消滅の表見代理の適用を否定します。

(3) **消滅した代理権の範囲を越える行為**

　従来は，この問題を110条と112条の重畳適用の問題として扱っていました（大判昭和19年12月22日民集23巻626頁〈百選Ⅰ33〉）。この問題については，民法（債権関係）改正により，明文の規定が置かれました。他人に代理権を与えた者は，代理権の消滅後に，その代理権の範囲内においてその

図表 10 − 7 ▶▶▶ 消滅した代理権の範囲を越える代理行為の表見代理（112条2項）

代理権が消滅した場合

× 代理人と称する者の行為

代理権があると信ずべき正当な理由が相手方にある
→ 従来　110条＋112条の表見代理の適用可能性
民法（債権関係）改正　112条2項

消滅した代理権の範囲

他人が第三者との間で行為をしたとすれば責任を負うべき場合において，その他人が第三者との間で代理権の範囲外の行為をしたときは，第三者がその行為についてその他人の代理権があると信ずべき正当な理由があるときに限り，その行為についての責任を負います（112条2項）。ここでいう第三者が代理の相手方です（**図表 10 − 7**）。

Case 10-2では，Bの行為は，①では代理権授与表示の表見代理，②では代理権ゆ越の表見代理，③では代理権消滅の表見代理における無権代理人の行為に該当します。加えて相手方Cの善意・無過失（正当の理由）が認められれば（立証責任については，表見代理の種類により異なります），表見代理が成立し，Aに効果が帰属します。

3　表見代理が成立する場合の無権代理の主張

　表見代理の成立要件が満たされていても，相手方が表見代理を主張し本人に効果が帰属しない限り，無権代理行為は無権代理としての性質を失わないので無権代理に関する規定が適用されます。したがって，相手方は無権代理人の責任を追及できます（最判昭和62年7月7日民集41巻5号1133頁〈百選Ⅰ34〉）。

　従来の通説は，無権代理人の責任（117条）は表見代理が成立しない場合の補充的責任だと考えていました。そこで，表見代理の成立要件が満たされている場合は，それを優先すべきとしていました。現在の通説は，相手方が，

図表 10 − 8 ▶▶▶ 表見代理と無権代理人の責任

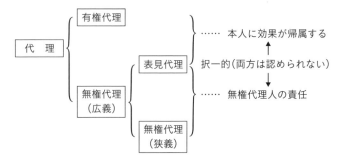

表見代理の主張と無権代理人の責任の追及を二者択一的に選択できるとしています（**図表 10 − 8**）。なお，相手方が表見代理を主張してそれが認められた場合，本人に効果が帰属して当初意図した目的を達成したのですから，重ねて無権代理人の責任を認める必要はないことは当然です。

Discussion　　　　　　　　　　　　　　　　　　　　　　議論しよう

　無権代理行為がなされた後，無権代理人が死亡し，本人が共同相続した場合に，本人である相続人が被相続人の無権代理行為の追認を拒絶したとして，無権代理人の責任がどうなるかを考えてみましょう。

第11章 無効・取消し

Learning Points
▶公序良俗違反の法律行為は無効です。法定代理人の同意を得ていない未成年者の法律行為は取り消すことができます。「無効」,「取消可」ということは具体的にはどのようなことでしょうか。また, どのように異なるのでしょうか。本章では, 無効と取消しの意義, 相違を学びます。
▶取り消された法律行為はさかのぼって無効となりますので, それに基づいてすでに履行されていれば元に戻す必要があります。本章では, どのように元に戻すかを学びます。

Key Words
無効　取消し　遡及効　現存利益

1 無効と取消し

1.1 無効と取消しの意義

Case 11-1　成年被後見人Aは意思能力を欠く状態で自己の所有する甲土地をBに売却する契約を締結した。AB間の契約は有効に締結されたか？

　法律行為が成立しても最初から当然にその効力が生じないことを, **無効**といいます。**取消し**では, 法律行為の効力がいったんは生じ, 取消権者の取消しの意思表示により遡って効力が消滅します。取消しの効果は, 遡及的無効です（121条）。最終的な効果は無効で異なりませんが, 無効となる筋道が異なります。

　無効と取消しの両方の要件を満たす場合には, 当事者はいずれの要件を主

張・立証してその効果を主張してもよいです。

　Case 11-1 では，Aの行為は意思能力を欠くものとして無効です。したがって，契約も無効です。これに加え，Aは成年被後見人ですので，意思表示を取り消すことができます。取消しがなされれば，遡って無効となります。無効な行為を取り消すというのは一見すると奇異に感ずるかもしれませんが，実際には「意思能力を欠く状態」の立証ができないこともあり，成年被後見人の行為が取り消せることは明らかですので，こちらの選択をすることは十分あり得ます。

1.2 無効と取消しの相違

1.2.1 意思表示の要否

　無効は当然に最初から効力が生じません。これに対し，取消しでは，効力がいったん生じ，取消権を与えられる者（取消権者）の意思表示によって遡及的に効力が消滅します。取消しができる行為でも取り消されるまでは有効です。ただ，これは実体法上の効果そのものについてですので，訴訟においては，無効についても，それを根拠付ける事実を含め当事者の主張・立証が必要である点には注意が必要です。

1.2.2 効果の主張

　無効は，原則として誰から誰に対しても主張することができます。ただ，一定の場合に無効の主張が制限されることがあります（94条2項参照）。これに対し，取消しでは，取消権者が法律行為の相手方に対して取消しの意思表示をすることによって遡及的に無効となります。無効となったことは，第三者にも主張できるのが原則ですが，一定の場合に，取消しの結果，無効となったことの主張が制限されることがあります（96条3項参照）。

1.2.3 追認の可否

　無効の場合は，追認によってすべての人との関係で遡及的に最初から有効であったとすることはできません（119条本文）。ただ，非遡及的な新たな行為として追認をすることはできます。無効であることを知って追認した場合は，新たな行為をしたとみなされます（119条ただし書き）。また，当事者間のみで遡及効を有するものとして追認をすることは可能です（債権的遡及的追認）。これに対し，取消しの場合は，追認によって以後，取消しができなくなり，有効が確定します（122条）。

1.2.4 主張の期間制限

　無効は期間の制限なくいつでも主張することができるのに対し（ただし，信義則の問題はあり得ます），取消権の行使には期間制限があります（126条）。

1.3 効果としての無効・取消しを導く根拠

　法律行為は意思表示を不可欠の要素とします。意思表示が無効であれば，法律行為も無効となります。民法（債権関係）改正前の民法は，意思表示については意思理論を前提に，意思の不存在の場合を無効の問題とし（93条，94条，改正前95条），詐欺・強迫による場合を瑕疵ある意思表示として取り消し得るものとしました（96条）。しかし，特定の場合に，その法律行為を無効とすべきか，それとも取り消し得るものとすべきかは，立法政策の問題ともいえます。従来から，錯誤の無効は相対的無効とされ，一般の無効とは区別されていました（2.1.1参照）。この考え方を明確化し，民法（債権関係）改正において，従来，無効を問題としていた錯誤について取り消し得る行為とする改正がなされました。ただ，このような改正は民法の体系を破壊するという批判もあります。

2 無効

2.1 無効の種類

2.1.1 絶対的無効・相対的無効

> Case 11-2
> ① Aは，Bとの間で，月々200万円の手当で愛人となる契約を締結した。
> ② Cは，C所有の甲土地につき，税金対策のため，本当に売る気はないにもかかわらず，Dに売ったことにし，Dは，本当に買う気はないにもかかわらず，Cから買ったことにし，甲土地の所有権登記をDに移転した。
> ①と②において，AB間，CD間の契約は有効か？

誰でも，誰に対しても無効を主張できる無効を**絶対的無効**といいます（民法90条の無効が典型です）。これに対し，無効の主張が制限される無効（93条，94条1項，民法（債権関係）改正前95条。3条の2も参照）を**相対的無効**といいます。

Case 11-2 では，①は公序良俗違反により絶対的無効となり，②は通謀虚偽表示であり，善意の第三者に主張できない相対的無効となります。

2.1.2 当然無効・裁判上無効

裁判上の手続を経ずに，裁判外でも当然に無効の主張が認められる無効を，**当然無効**といいます。これに対し，裁判による訴えによらなければ無効の主張が認められず，訴えの当事者や提訴期間に制限のある無効（会社法828条など）を，**裁判上無効**といいます。

2.2 一部無効

> **Case 11-3**　Eは，利息年2割，期間1年間の約定で，Fから100万円を借り入れた。Eは1年後，何円を返済する義務を負うか？

　無効原因がある法律行為について，その効果を，行為の全部を無効とするのではなく，一部のみを無効とし，残部を有効として残す場合，**一部無効**といいます。この効果を明文で認めるものがあります（278条1項後段，360条1項後段，580条1項後段，604条1項後段，利息制限法1条など）。明文の規定がなくても，通説・判例は，契約当事者の意思に合致し，公平の原則にかなうので，解釈として一部無効を認めることができるとします。

　Case 11-3 では，利息制限法1条柱書きおよび3号により，元本が100万円の場合の制限利率は年1割5分です。利息の約束として1割5分を超える部分について無効となります。1年後に返済義務を負うのは元本100万円と利息15万円の合計115万円です。

2.3 無効行為の転換

> **Case 11-4**　Gは，Hに甲土地，乙建物を遺贈する旨の自筆証書遺言を作成しようとしたが，印が押されておらず，自筆証書遺言としては要式を欠き無効であった。Gは，日頃から死後，Hに甲土地，乙建物を譲ると話しており，Hも了承していた。Hは甲土地，乙建物を取得することができるか？

> **Case 11-5**　Iは，愛人Jとの間にできた子どもKを，Iの妻Lとの間の嫡出子として出生届をした。Iの届出は，どのように評価されるか？

　当事者の意図した効果を有する行為としては無効であっても，他の行為として有効とすることを，**無効行為の転換**といいます。法律行為制度は，意思表示の内容を合理的に解釈し，行為者の目的達成に助力すべきなので，当事

者の意図した効果と転換によって認められる効果が同じ社会的目的を有し，法律行為が無効であれば転換された行為としての効果を当事者が望むであろう場合は，広く転換を認めるべきです。ただし，届出が必要であるなど要式行為については，法律がそれを要式行為とした立法の趣旨に照らし無効行為の転換を認めるべきかを慎重に判断すべきで，要式を満たしていなければ，転換は認められません。

　要式行為について無効行為の転換を明文で認めるものとして，無効な秘密証書遺言（970条）を自筆証書遺言（968条）として有効とする971条があります。また，解釈として，父が非嫡出子を嫡出子として届け出たときは，認知の効力が生ずるとした最高裁判決があります（最判昭和53年2月24日民集32巻1号110頁）。これに対し，他人の子を自己の子として届け出たときに，これを養子縁組へと転換することができるかについて，最高裁判決は否定します（最判昭和25年12月28日民集4巻13号701頁，最判昭和50年4月8日民集29巻4号401頁）。学説には，かつて肯定説がありましたが，出生届に医師の証明が厳格に行われるようになり，また，特別養子制度（817条の2以下）が整った今日，あえて転換を認める必要はないでしょう。

　Case 11-4 では，自筆証書遺言としては無効です。ただ，別に，当事者が贈与の合意していたと見ることが可能であり，死因贈与契約が成立していると見ることが可能です。贈与契約が認められれば，Hは甲土地，乙建物を取得できます。また，Case 11-5 では，判例は，嫡出子としての出生届に認知の効力を認めています。

3 　取消し

3.1　取消しの類似制度

3.1.1　撤　回

> Case 11-6　Aは，Bとの間で，同じテーブルで関係書類を見ながらAが所有する甲土地を1,000万円でBに売るという申込みをしたところ，Bの思案中に気が変わり，やはり1,200万円でなければ売らないとして，1,000万円で売る旨の申込みを撤回した。Aは1,000万円での申込みを撤回することができるか？

　法律上の原因を要することなく法律行為の効力を将来に向かって失わせることを，**撤回**といいます（たとえば，1022条。985条1項も参照）。取消しは，取消原因のあるときに限り，かつ，意思表示の時に遡って効力を失わせるものである点で異なります。撤回は，表意者の自由意思によって行えますが，すでになされた意思表示によって当事者間に権利義務関係が生じた場合には，例外を除き（523条1項ただし書，525条1項ただし書，2項など），撤回は許されません（407条2項，540条2項など）。

　なお，民法現代語化（平成16年改正）前は，一部の条文において「取消し」と「撤回」が混用されていましたが，現代語化の際，条文の趣旨に従い用語が使い分けられました。

　Case 11-6 では，対話者間の申込みは，契約締結に向けた対話が継続している間はいつでも撤回できますので（525条2項），Aは1,000万円での申込みを撤回できます。

3.1.2　裁判上の取消し

　詐害行為の取消し（424条1項），婚姻の取消し（743条，744条1項），縁組の取消し（803条，804条）など，裁判所に訴えを提起して取消しを請

求できるとされているものがあります。これらのものは，裁判外では取消しを主張できず，また，120条以下の規定は適用になりません。

3.1.3 審判の取消し

後見，保佐，補助の審判の取消し（10条，14条，18条），失踪宣告の取消し（32条）などは，家庭裁判所の審判手続により行われます。

3.2 取消しの要件

3.2.1 取消原因

民法総則の定める取消しの対象は，単独では完全な法律行為ができない制限行為能力者（未成年者，成年被後見人，被保佐人，被補助人）の行為，詐欺または強迫による行為です。これらには**取消原因**があります。

3.2.2 取消権者

> Case 11-7　被保佐人Ｃが保佐人Ｄの同意を得ずにＣが所有する甲土地をＥに売却した。Ｄは，Ｃの売買の意思表示を取り消すと主張した。Ｄは，Ｃの意思表示を取り消すことができるか？

行為能力の制限によって取り消すことができる行為は，制限行為能力者（他の制限行為能力者の法定代理人としてした行為にあっては，当該他の制限行為能力者を含みます）またはその代理人，承継人もしくは同意することができる者に限り，取り消すことができます（120条1項）。錯誤，詐欺または強迫によって取り消すことができる行為は，瑕疵ある意思表示をした者またはその代理人もしくは承継人に限り，取り消すことができます（120条2項）。これらの者が**取消権者**です。

(1)制限行為能力者

制限行為能力者は，意思能力のある限り，法定代理人，保佐人，補助人の

同意なく自ら単独で取り消すことができます。この場合、取り消し得る取消しにはなりません。取り消し得る取消しは、法律関係を著しく複雑にし相手方を不安定な地位に陥れます。また、120条1項は制限行為能力者を取消権者と定め、また、同条が代理人を取消権者としてあげていることから、同条は単独で取り消し得る者をあげた趣旨と解すべきだというのが理由です。

(2)**制限行為能力者の代理人**

法定代理人（親権者、未成年後見人、成年後見人、代理権付与の審判を受けた保佐人、補助人）、任意代理人は、取消権を有します。

(3)**制限行為能力者の承継人**

承継人は、包括承継人と特定承継人に区別できます。包括承継人は相続人や合併会社が該当します。特定承継人は、法律が特定の行為を取り消し得るものとすることによって保護しようとする地位の特定承継人が該当します。かつては、この地位は、125条5号によって法定追認とならない場合に限り、取り消し得る行為によって取得した権利に随伴するものとされていましたが、近時は、取消権者が125条ただし書きにいう異議をとどめ、この者から契約上の地位を承継した特定承継人が、ここでいう「承継人」だとされます。

(4)**制限行為能力者の同意権者**

保佐人、補助人は、同意権者として取消権を有します（120条1項）。

Case 11-7 では、土地の売買は、13条1項3号に該当し、9条ただし書きに該当しませんので、被保佐人は保佐人の同意を得なければ取引できません。このような行為について被保佐人が保佐人の同意を得ずにした行為は、取り消すことができます（13条4項）。Dは土地を売るという法律行為を取り消すことができます。

(5)**錯誤に陥った者，または詐欺もしくは強迫をされた者**

錯誤に陥って意思表示をした者、または詐欺もしくは強迫されて意思表示をした者は、取り消すことができます（120条2項）。

(6)**錯誤に陥った者，または詐欺もしくは強迫をされた者の代理人**

錯誤に陥った者、または詐欺もしくは強迫をされた者の代理人の法定代理人と任意代理人が該当します（120条2項）。

(7) 錯誤に陥った者，または詐欺もしくは強迫をされた者の承継人

錯誤に陥った者，または詐欺もしくは強迫をされた者の包括承継人と特定承継人が該当します（120条2項）。特定承継人については，(3)で述べたことが同様に該当します。

(8) 保証人の取消権

取り消し得る行為によって生じた債務を保証した保証人が取消権を有するかについては，議論があります。古い判例に否定したものがあります（大判昭和20年5月21日民集24巻9頁）。かつては，肯定する学説が有力でしたが，保証人の取消権と本人の追認との関係で困難な問題を生じさせます。今日では，保証人の取消権を否定し，取り消されるか否かが確定するまで保証人は保証債務の履行を拒絶できるとするのが通説です。

3.2.3 相手方に対する意思表示

取り消すことができる行為の相手方が確定している場合には，その取消しは相手方に対する意思表示によってします（123条）。相手方は取り消し得る法律行為の相手方です（大判昭和6年6月22日民集10巻440頁）。意思表示の方法は問いません。また，取消原因を示す必要はありません。

3.2.4 取消権行使の期間制限

取消権は，追認をすることができる時から5年間行使しないとき，または行為の時から20年間経過したときは，行使できなくなります（126条）。取消権の存在は，法律関係を不安定にするので，期間制限が定められています。

(1) 追認をすることができる時から5年

追認をすることができる時とは，取消しの原因となっていた状況が消滅し，かつ，取消権を有することを知った時です（124条1項）。取消しの原因となっていた状況が消滅した時とは，制限行為能力者については，行為能力者となった時，錯誤に陥った者，または詐欺もしくは強迫を受けた者については，錯誤もしくは詐欺に気づき，または強迫から脱した時です。この時から実際に取消しまたは追認ができるからです。ただし，法定代理人または制限

行為能力者の保佐人もしくは補助人が追認するとき，または制限行為能力者（成年被後見人を除く）が法定代理人，保佐人または補助人の同意を得て追認をするときは，追認は取消しの原因となっていた状況が消滅した後にすることを要しません（124条2項柱書き1号，2号）。たとえば，親権者が追認をする場合は，未成年者が成年者になったかどうかは，無関係だからです。

126条は「時効によって消滅する」と規定しますが，形成権に時効更新はないので，この期間は除斥期間と解するのが多数説です。

5年の期間制限は，取消権の行使にかかるのか，取消しの結果生ずる返還請求権にかかるのかについて議論があります。判例は，取消権を5年以内に行使すればよく，その結果生ずる請求権は，取消権行使の時から進行するとします（大判昭和12年5月28日民集16巻903頁）。学説では，かつては判例と同じ考え方が通説でしたが，早期に決着をつけるという観点から，5年の期間内に取消しの結果生ずる返還請求権も行使すべきだとする説が多数となっています。

(2) 行為の時から20年

20年の期間は，法文上，時効とされていますが，5年の期間と同様の理由から除斥期間と解するのが通説です。

3.3 取消しの効果

3.3.1 遡及効と原状回復

取り消された行為は，初めから無効であったものとみなされます（121条）。取り消された法律行為に基づいてすでに履行されたものについては，不当利得返還請求，所有権に基づく返還請求などの問題が生じます。民法（債権関係）改正により，原状回復義務に関する規定が新たに設けられ，無効な行為に基づく債務の履行として給付を受けた者は，相手方を原状に復させる義務を負うと規定されました（121条の2第1項）。取消しの効果（遡及的無効）は，例外的に制限する規定（たとえば，96条3項）がない限り，すべての

人に対し主張できます。

　裁判上の取消しのうち，既成事実を尊重すべき身分行為の取消しについては，遡及効が否定されます（748条1項，808条1項）。財産法分野でも，継続的契約の解除について明文により遡及効を否定するものがあります（たとえば，賃貸借に関する620条）。継続的契約の取消しについても，遡及効を否定するのが有力です。

3.3.2　返還義務の同時履行

　取消しの結果生ずる義務は，不当利得返還義務や所有権に基づく返還義務であって双務契約に基づくものではありません。解除の場合には，双方の返還義務を同時履行とする明文の規定があります（546条）。取消しの場合も，公平上，双方の返還義務について同時履行の関係を認めることが妥当です。判例は，詐欺による取消しについて，546条に準じ533条の準用を認めます（最判昭和28年6月16日民集7巻6号629頁）。

3.3.3　無効な無償行為に基づく債務の履行として給付を受けた者の特則

　無効な無償行為に基づく債務の履行として給付を受けた者は，給付を受けた当時その行為が無効であること（給付を受けた後に遡及的に無効であったものとみなされた行為にあっては，給付を受けた当時その行為が取り消すことができるものであること）を知らなかったときは，その行為によって現に利益を受けている限度において，返還の義務を負います（121条の2第2項）。

3.3.4 意思能力を有しない者および制限行為能力者の返還義務の範囲の特則

Case 11-8 未成年者Fは，亡祖父から遺贈されていた甲土地を親権者Gの同意なくHに売却し，その代金を受領した。これに気づいたGは，Fの売却の意思表示を取り消すとともに，Fを代理して甲土地の返還を請求した。Hは支払った代金の返還を請求したが，Fはすでに遊興費として浪費していた。Fの返還義務の範囲はどれだけか？

取消しによって生ずる返還義務について，意思能力を有しない者および制限行為能力は，取り消された行為によって現に利益を受けている限度において返還の義務を負います（121条の2第3項）。不当利得法は善意者と悪意者の返還義務の範囲を区別します（703条，704条参照）。これに対し，121条の2第3項は，意思能力を有しない者および制限行為能力者が悪意であっても**現存利益**の返還で足りるとする点に意義があります。意思能力を有しない者，制限行為能力者を保護する趣旨です。

意思能力を有しない者および制限行為能力者が相手方から受領していたものを浪費した場合は，浪費分については現存利益がなく返還義務がありません。他方，生活費や既存の債務の弁済など，いずれにせよ支出せざるを得なかったものに充てられた場合は，利益は現存しているとされます（生活費；大判大正5年6月10日民録22輯1149頁）。以上の結論は，不当のようにも見えますが，121条の2第3項が制限行為能力者の保護のための規定であることから，やむを得ないとされています。

Case 11-8では，能力の制限を理由とする取消しがなされたとき，制限行為能力者の返還義務の範囲は，現存利益に限られます（121条の2第3項）。Fは，浪費した分の返還義務を負いません。

3.4 取り消すことができる行為の追認

3.4.1 取り消すことができる行為の追認の意義

取消権者が取り消すことができる行為を確定的に有効とする意思表示を，**追認**といいます。追認は取消権の放棄だとするのが通説です。

3.4.2 追認の要件

(1)追認権者

民法120条に規定される取消権者が追認権者です（122条）。

(2)相手方に対する意思表示

相手方が確定している場合は，追認は，相手方に対する意思表示によります（123条）。

(3)追認できる時

追認は，取消しの原因となっていた状況が消滅し，かつ，取消権を有することを知った後にしなければ，その効力を生じません（124条1項）。追認は取消権の放棄ですから，取消権者が取消事由を認識した上で取消権の放棄の意思でなす必要があります（大判大正5年12月28日民録22輯2529頁）。

制限行為能力者は行為能力者となった後，詐欺または強迫を受けた者は詐欺に気づきまたは強迫から脱した後でなければ，追認できません。これ以前は，追認を意味するような何かの意思表示があっても無効です。ただし，法定代理人または制限行為能力者の保佐人もしくは補助人が追認するとき，または制限行為能力者（成年被後見人を除く）が法定代理人，保佐人または補助人の同意を得て法律行為をするときは，追認が可能です（124条2項）。成年被後見人は，成年後見人の同意を得ても追認はできません。そもそも，成年被後見人は成年後見人の同意を得ても法律行為を単独でできないからです。また，追認は，取消権の放棄ですので，取消権を有することを知った後でなければ，追認できません。

3.4.3 追認の効果

　取り消すことができる行為は，追認により，以後，取り消すことができなくなります（122条）。取り消し得る行為の追認は，一応有効な行為を確定的に有効とするものです。取り消し得る行為による権利と第三者の権利の優劣は，対抗要件の具備により決せられますので，追認によって第三者が害されることはありません。民法（債権関係）改正前は，追認によって第三者の権利を害することができないという規定がありましたが（改正前122条ただし書き），無意味な規定として削除されました。

3.5 法定追認

3.5.1 法定追認の意義

　追認をすることができる時以後に，取り消すことができる行為について客観的に追認があったと認めるべき事由があるときに，追認をしたものとみなすことを，**法定追認**といいます（125条柱書き本文）。取消権者が一定の事由をしたことにより相手方は取消権が行使されないと信頼します。この相手方の信頼を保護します。また，法律関係の早期安定も図られます。これらが法定追認制度の立法趣旨です。法定追認があると取消しができなくなり，取消し得る行為は確定的に有効となります。ただし，取消権者は，法定追認に該当する事由をなすにあたり異議をとどめることができます（125条柱書きただし書き）。

　法定追認は，追認をすることができる時以後であればよく，取消権者が追認の意思を有していたか，取消原因を知っていたかにかかわらず生ずるとするのが判例です（大判大正12年6月11日民集2巻396頁〈百選Ⅰ39〉）。

3.5.2 法定追認が生ずる事由

(1) 全部または一部の履行

取消権者が履行する場合と，履行を受けた場合が該当します（125条1号）。

(2) 履行の請求

取消権者が履行の請求をした場合であり，相手方から履行の請求を受けた場合は該当しません（125条2号）。

(3) 更　改

取消権者が債権者である場合と債務者である場合の両者が該当します（125条3号）。

(4) 担保の供与

取消権者が担保の供与をする場合と，担保の供与を受ける場合が該当します（125条4号）。

(5) 取り消すことができる行為によって取得した権利の全部または一部の譲渡

取消権者が譲渡した場合が該当します（125条5号）。

(6) 強制執行

取消権者が強制執行を申し立てた場合が該当します（125条6号）。取消権者が強制執行を受け請求異議の申立てをしなかった場合は該当しないというのが判例です（大判昭和4年11月22日新聞3060号16頁）。学説では，法的安定性を害するとして判例に反対する学説が有力です。

Working　　　　　　　　　　　　　　　　　　　　　　　　調べてみよう

以下の無効行為の転換が認められるか，検討しましょう。

(1) 　他人の子を自己の嫡出子として届け出ること→養子縁組
(2) 　無効な自筆証書遺言→死因贈与契約

第12章 条件・期限

Learning Points
▶ 法律行為を行う際には，明日雨が降ったらというように，一定の制約を設けることがあります。また，お金を返すのをいつまでにと決めることがあります。本章では，「条件」と「期限」について，その意義，相違を学びます。
▶ 条件，期限を付けられない法律行為があります。その他，条件，期限をめぐる法律問題を学びます。

Key Words
条件　期限　停止条件　解除条件　始期と終期　期限の利益

1 条件と期限

1.1 条件と期限の意義

　将来生ずることが不確定な事実によって法律行為の効力を発生させ，または消滅させるものを，**条件**といいます。これに対し，将来生ずることが確実な事実によって法律行為の効力を発生させ，もしくは消滅させ，または債務の履行期を到来させるものを，**期限**といいます。いずれも法律行為に付随してその効力の発生・消滅や時期を決する合意で，このようなものを，法律行為の**付款**といいます。

1.2 条件と期限の区別

　対象としている事実が将来生ずることが確実か否かを基準として，条件と

期限は概念上明確に区別できます。しかし，実際には区別が明瞭でないものがあります。たとえば，「出世払い」は，出世しなければ支払う必要がないという趣旨であれば条件ですが，出世した場合に加え，出世しないことが確実になった場合にも支払うという趣旨であれば期限です。出世払いを期限と解した判決があります（立身したら；大判明治43年10月31日民録16輯739頁，出世したら；大判大正4年3月24日民録21輯439頁）。

1.3 条件と法定条件の区別

法律に定められた一定事項がなされることによって法律効果が生ずる場合，これを**法定条件**といいます。たとえば，農地の売買は，農業委員会または都道府県知事の許可がなければ無効です（農地法3条1項，7項）から，この許可を停止条件としていることになります。この場合の許可は，法律上要求される要件ですので，民法の定める条件ではありません。

法定条件には，原則として民法の規定が類推適用されます（最判昭和39年10月30日民集18巻8号1837頁（128条））が，条件成就の妨害に関する130条は，性質上，類推適用されません（最判昭和36年5月26日民集15巻5号1404頁）。妨害があったとしても法定の要件を満たしたとみなすことはできないからです。

2 条件

2.1 条件に親しまない行為

条件は，発生が不確実な将来の事実によって法律行為の効力の発生・消滅が決まります。このような条件の性質に鑑み，条件を付けられない行為があります。

2.1.1 単独行為

> **Case 12-1** 未成年者 A は，法定代理人の同意なく行った意思表示につき，次のオリンピックで日本が金メダルを 10 個以上取れなければ取り消すと相手方 B に意思表示した。A は取消しの意思表示に条件を付けられるのか？

単独行為は一方当事者の意思表示によって効果が生ずるものです。単独行為に条件が付されると，相手方の地位を著しく不安定にしますので，単独行為に条件を付すことは原則として認められません（たとえば，506 条 1 項後段）。しかし，条件を付けても相手方が害されない場合は問題ありません。たとえば，債務の免除に条件をつけても相手方に不利益はありません。遺言に停止条件を付すことができることは，明文規定の前提となっています（985 条 2 項）。

Case 12-1 では，単独行為には，相手方に不利益のない例外を除き，条件は付けられません。

2.1.2 身分行為

> **Case 12-2** C と D は，C の年収が 500 万円を下回ったら離婚するという条件で婚姻した。CD の婚姻に条件をつけられるのか？

身分行為は身分関係に変動を生じさせます。身分行為に条件が付されると，身分関係が不安定になるとともに，身分行為の本質に反し公序良俗に反することになる場合がありますので，身分行為に条件を付すことは認められません。

Case 12-2 では，身分行為は，確定的でなければならないので，条件は付けられません。

2.2 停止条件と解除条件

2.2.1 停止条件

条件が成就すれば効力を生ずることになる条件を，**停止条件**といいます。停止条件付法律行為は，停止条件が成就した時からその効力を生じます（127条1項）。ただし，当事者が条件が成就した場合の効果をその成就した時以前に遡らせる意思を表示したときは，その意思に従います（127条3項）。

2.2.2 解除条件

条件が成就すれば効力が消滅することになる条件を，**解除条件**といいます。解除条件付法律行為は，解除条件が成就した時からその効力を失います（127条2項）。ただし，当事者が条件が成就した場合の効果をその成就した時以前に遡らせる意思を表示したときは，その意思に従う（127条3項）のは，停止条件と同様です。

2.3 条件付権利

> Case 12-3　Eは，Fとの間で，次の春に大学に合格したら，Eが所有する甲車をFに贈与すると約束していたが，Fの合否結果を待たず甲をGに売り，登録名義を移転してしまった。Fは合格した。Fは，条件が成就から生ずる利益を主張できるか？

条件付法律行為がなされた場合，当事者の一方は条件の成就により利益を得られるという**条件付権利**を有します。この権利は法的に保護されてよいといえます。

条件付法律行為の各当事者は，条件の成否が未定である間は，条件が成就した場合にその法律行為から生ずべき相手方の利益を害することができません（128条）。128条は，相手方の義務を規定しますが，結局，条件成就に

よって利益を受ける者に権利を認めたことになります。権利ですので第三者も侵害できません。条件付権利を侵害した者は，損害賠償義務を負います。損害賠償を請求するためには，原則として条件が成就したことが必要です。

条件の成否が未定である間における当事者の権利義務は，一般の規定に従い，処分し，相続し，もしくは保存し，またはそのために担保を供することができます（129条）。「一般の規定に従い」とは，条件の成就によって取得される権利に関する規定に従って，という意味です。

Case 12-3 では，条件付法律行為から生ずる相手方の利益を害することができません（128条）。F は損害賠償を請求できます。

2.4 条件成就の妨害

> Case 12-4　H は，I との間で，次の春に大学に合格したら，H が所有する甲車を I に贈与すると約束していたが，H が I の受験勉強を妨害する目的で I に多くの雑用をさせ，また I の安眠を妨害したため，I は大学に合格しなかった。I は，条件が成就したと主張できるか？

条件成就の妨害があれば，債務不履行（415条），不法行為（709条）となり，本来は損害賠償の問題となります。しかし，故意に成就妨害があった場合，条件成就を妨げられた者は，それを妨げた者に対し，条件が成就したとみなす旨の意思表示をし，条件の成就によって生ずる効果を主張できます（130条1項）。「故意」とは，条件の成就を妨げる結果が生ずることを知ることをいい，必ずしもその結果を望む必要はありません。条件が成就したとみなす旨の意思表示は，一種の形成権の行使です。

条件成就の妨害は，条件成就により生ずる利益の侵害に該当する場合には，条件付権利の侵害として損害賠償の責任が生じます（128条）。条件成就を妨害された者は，いずれを主張してもよいとされています。

従来，条件の成就によって利益を受ける者が不正に条件を成就させた場合についての明文の規定はありませんでしたが，判例は，改正前130条を類推

適用し，条件が成就しなかったとみなせるとしていました（最判平成6年5月31日民集48巻4号1029頁〈百選Ⅰ40〉）。民法（債権関係）改正により明文の規定が置かれ，相手方は，その条件が成就しなかったものとみなすことができるとしました（130条2項）。

Case 12-4 では，故意に条件成就の妨害がなされた場合，相手方は条件が成就したとみなすことができます（民法130条1項）。Ｉは，条件が成就したとみなすことができます。

2.5 特殊の条件

2.5.1 既成条件

> Case 12-5　Ｊは，Ｋとの間で，Ｋが司法試験に合格したら，Ｊが所有する甲土地をＫに贈与すると約束したが，実は，Ｋはすでに司法試験に合格していた。ＪＫの法律行為は，どのように扱われるか？

条件が法律行為の時にすでに成就していた場合，あるいは成就しないことが確定していた場合，これを**既成条件**といいます。すでに成就していた既成条件が停止条件であるときは，その法律行為は無条件となり，解除条件であるときは，その法律行為は無効です（131条1項）。逆に，成就しないことが法律行為の時に確定していた既成条件が停止条件であるときは，その法律行為は無効となり，解除条件であるときは，その法律行為は無条件となります（131条2項）。

条件の成就または不成就の確定についての当事者の知・不知は無関係です。条件は将来の不確実な事実が対象ですので，既成条件は厳密には条件ではないのですが，法律行為後に成就または不成就が確定したのと同様に扱うこととしました。なお，既成条件では，すでに法律関係が生じているので，条件の成就が未定ではありません。そこで，通説は131条3項が無意味な規定だとしています。これに対し，近時，将来の事実でなくとも当事者にとって主

観的に不確定であれば条件とし得ることを前提に，131条3項に意義を見出す見解も主張されています。

Case 12-5 では，停止条件が法律行為の時にすでに成就していれば（既成条件），法律行為は無条件となります（131条1項）。JKの法律行為は，無条件となります。

2.5.2 不法条件

> Case 12-6　Lは，Mとの間で，Nを殺したら，報酬1,000万円を支払うと合意した。LMの法律行為は，どのように扱われるか？

不法な条件を付した法律行為は無効です。不法な行為をしないことを条件とするものも同様です（132条）。これらを**不法条件**といいます。ここでいう不法は，公序良俗違反です。

Case 12-6 では，不法な条件を付した法律行為は無効です（131条）。LMの法律行為は無効です。

2.5.3 不能条件

> Case 12-7　Oは，Pとの間で，明日，太陽が西から昇ったら，Oが所有する甲土地をPに贈与すると約束した。OPの法律行為は，どのように扱われるか？

不能の停止条件を付した法律行為は無効であり（133条1項），不能の解除条件を付した法律行為は無条件となります（133条2項）。これらを**不能条件**といいます。条件成就の不能についての当事者の知・不知は無関係です。条件は将来の不確実な事実が対象であるため，不能条件は厳密には条件ではないのですが，法律行為後に不成就が確定したのと同様に扱うこととしました。

Case 12-7 では，不能の停止条件を付した法律行為は無効です。OPの法律行為は無効です。

2.5.4 随意条件

> **Case 12-8** Qは，Rに対し，Qが気が向いたら返済すればよいとして，100万円を貸し渡した。QRの法律行為は，どのように扱われるか？

意思内容を条件の対象とするものを，**随意条件**といいます。随意条件のうち，意思のみを対象とし他に客観的要件を対象としないものを**純粋随意条件**といいます。

停止条件付法律行為は，その条件が単に債務者の意思のみにかかるときは，無効です（134条）。債務者の意思のみにかかる純粋随意停止条件を付した場合，債務者を拘束する意思がないというのが理由です。純粋とはいえない随意条件（不純粋随意条件）を付した法律行為は有効です。たとえば，ニューヨークへ旅行したらという条件は，ニューヨークへ旅行すると決断することに加え，旅行することそれ自体も必要ですので，純粋随意条件ではありません。純粋随意条件が付されても解除条件付法律行為は有効です。また，債権者の意思のみにかかる純粋随意条件法律行為も有効です。

Case 12-8 では，債務者の純粋随意の停止条件を付した法律行為は無効です。QRの法律行為は無効です。

3 期　限

> **Case 12-9** Aは，飼っている甲犬が死亡したら，Aが所有する乙土地・丙建物をBに贈与すると約束した。「死亡したら」は条件か期限か？

> **Case 12-10** Cは，出世したら返済してもらえばよいとして，Dに100万円を貸し渡した。「出世したら」は条件か期限か？

期限についての態様は，3種類に区別できます。日時が確定している期限

を，**確定期限**といいます（412条1項参照）。将来到来することが確実であるが，いつ到来するか分からない期限を，**不確定期限**といいます（412条2項参照）。その他，期限の定めのないものがあります（412条3項参照）。

Case 12-9 では，死亡は，いつ生ずるかは不確定ですが，将来必ず生ずる事項です。したがって，不確定期限です。

Case 12-10 では，「出世払い」については，厳密には合意の趣旨が問題となりますが，判決例には，不確定期限と解したものがあります。

3.1　始期と終期

3.1.1　始　期

法律行為の効力の発生の期限または債務の履行の期限を，**始期**といいます。民法は，債務の履行期について規定を置き，法律行為に始期を付したときは，その法律行為の履行は期限が到来するまで請求することができないとします（135条1項）。効力始期についての規定はありませんが，期限が到来すると効力が生ずると解されます。

3.1.2　終　期

法律行為の効力が消滅する期限を，**終期**といいます。法律行為に終期を付したときは，その法律行為の効力は，期限が到来した時に消滅します（135条2項）。

3.2　期限の利益

3.2.1　期限の利益の意義

期限があることによって生ずる利益を，**期限の利益**といいます。期限の利益が誰のためにあるかは，期限を定めた趣旨によります。無利息金銭消費貸

借では，期限の利益は債務者のためにあります。無償寄託では，期限の利益は物を預けた債権者のためにあります。利息付金銭消費貸借や定期預貯金では，期限の利益は，債権者，債務者双方のためにあるとするのが通説です。ただ，明確でない場合もあり，一般に，期限は，債務者の利益のために定めたものと推定されます（136条1項）。

3.2.2 期限の利益の放棄

期限の利益は，放棄することができます（136条2項本文）。**期限の利益の放棄**は，期限の利益を有する当事者による一方的意思表示によります。期限の利益の放棄の効果は期限の到来です。ただし，期限の利益の放棄によって相手方の利益を害することはできません（136条2項ただし書き）。期限の利益の放棄は，当初定めた期限が放棄時点に遡るのと同様の効果を生じさせます。売買代金の支払いについて期限を定め，その間の利息を支払うと合意しても，この期限は買主の利益のためのみにあるので，買主は，期限前に期限の利益を放棄して代金を支払う場合，代金に弁済時までの利息を付せばよいとされます（大判大正7年3月20日民録24輯623頁）。

期限の利益の放棄によって相手方が害される場合には，そもそも期限の利益を放棄できるのかが問題となります。通説は，相手方の損害を賠償すれば，期限の利益を放棄できるとしてきました。この「損害」の内容には議論があり，借主は，期限前に弁済する場合，当初定められていた期限までの利息相当額を支払わなければならないという主張が有力でした（大判昭和9年9月15日民集13巻1839頁は，定期預金を期限前に払い戻す際には，当初の期限までの利息を付す必要があるとします）。民法（債権関係）改正においては，消費貸借について，損害賠償であることを明文で規定しました（591条3項）。ただ，損害賠償の内容については，今後の議論に委ねられています。

3.2.3 期限の利益の喪失

期限の利益を有する者について，そのまま期限の利益を主張させることが妥当でない事由が生じた場合，期限の利益が失われます。これを，**期限の利**

益の喪失といいます（137条）。期限の利益の喪失では，「債務者は，期限の利益を主張することができない」のであって，期限が到来するのではありません。債権者が権利を行使すれば，債務者は直ちに履行の義務を負います。民法が定める期限の利益の喪失事由は，以下の3つです。

(1)債務者が破産手続開始の決定を受けたとき

137条1号は，債務者が破産手続開始の決定を受けたときと規定します。しかし，破産法103条3項は，破産債権が期限付債権でその期限が破産手続開始後に到来すべきものであるときは，その破産債権は破産手続開始の時において弁済期が到来したものとみなす，と規定しますので，137条1号の適用の余地はありません。

(2)債務者が担保を滅失させ，損傷させ，または減少させたとき

137条2号は，債務者が担保を滅失させ，損傷させ，または減少させたときと規定します。債務者の行為によることが必要ですが，必ずしも債務者自身の行為による必要はなく，債務者の支配圏内にある者の行為による場合は該当します。債務者の故意・過失は必要ありません。この規定の趣旨は債務者の不法行為への制裁ではなく，債務者がその行為によって信用の基礎を低下させたことを問題とするからです。

(3)債務者が担保を供する義務を負う場合において，これを供しないとき

137条3号は，債務者が担保を供する義務を負う場合において，これを供しないときと規定します。担保を供する義務は，法律によるものと契約によるものがあります。これが実行されないと，債権者は債務者の信頼の基礎を失うので，債務者は期限の利益を主張できないとしました。

3.2.4 期限の利益喪失約款

137条に定められる事由以外に期限の利益を失う事由を当事者で定めることは，公序良俗に反しない限り認められます。銀行取引では，137条に定められる事由以外に期限の利益喪失事由が定められるのが通常です。期限の利益の喪失を定める特約を，**期限の利益喪失約款**といいます。

Discussion

議論しよう

　「出世払い」は，条件か期限かを考えてみましょう。
　当事者の意思が明らかな場合は，それによりますが，明確でない場合にどうするかです。「出世しないことが確定する」というのは，その後の人生も含めて考えると，なかなか認定しづらいのではないでしょうか。

第13章 期間の計算

Learning Points

▶ 1時間，1年間というような時間の長さはどのように計算するのでしょうか。時間は時計で計ればよいでしょうが，日，週，月，年については，カレンダーによって計算するにしても，1日について端数が出た場合の処理が問題となりそうです。また，深夜や通常取引が行われない日に期間が始まったり終了したりするのは問題ないのでしょうか。本章では，期間の計算方法を学びます。

▶「歳をとる」のはいつでしょうか。年齢の計算は特別の計算方法によります。

Key Words

期間　自然的計算方法　暦法的計算方法　年齢計算

1　期　間

　ある時点からある時点まで継続する時間の長さの区分を，**期間**といいます。期間の計算方法について民法は，法令もしくは裁判上の命令に特別の定めがある場合を除き，民法の規定に従うと定めます（138条）。民法の期間に関する規定は，民法以外の法律関係にも適用されます。この旨を明文で定めるものがあり（民事訴訟法95条1項），またこの旨を述べる判例があります（大判昭和5年5月24日民集9巻468頁（総選挙期日の計算は衆議院解散の翌日に起算するとします））。特別の定めがある場合として，たとえば，年齢は出生の日から起算するとする年齢計算ニ関スル法律1項や，出生の日から起算して14日以内に出生届をしなければならないとする戸籍法43条1項があります。

2 期間の計算方法

2.1 時間によって期間を定めたとき

2.1.1 期間の起算

> Case13-1　Aは，1月1日正午に，48時間と定めてBからB所有の車を借りた。Aは，いつ返す義務を負うか？

　時間によって期間を定めたときは，その期間は即時から起算します（139条）。「時間」は，時，分，秒をいいます。

2.1.2 期間の満了

　時間によって期間を定めたときの満了についての規定はありませんが，普通に時間を計測して定めることが前提とされています。このような計算方法を，自然的計算方法といいます。

　Case 13-1 では，時間によって計算する場合，期間は即時に起算されます（139条）。1月1日正午の48時間後は1月3日正午です。この時点で期間が満了しますので，この時点で返還義務を負います。

2.2　日，週，月または年によって期間を定めたとき

2.2.1　期間の起算

> **Case 13-2**
> ①Cは，Dから，1月1日のお昼頃，3日間と定めてD所有の車を借りた。
> ②Eは，Fから，12月25日のお昼頃，1週間の約束で100万円を借りた。EFは，国民の祝日その他の休日には取引をしない業界に属している。
> C，Eは，いつ返す義務を負うか？

　日，週，月または年によって期間を定めたときは，期間の初日は算入しません。ただし，その期間が午前零時から始まるときは，この限りではありません（140条）。端数を算入しない趣旨です。これにより，期間は翌日から起算されます。たとえば，消滅時効，催告の期間は，翌日から起算されます。期間の起算に関する重要な例外として，年齢計算があります。年齢計算ニ関スル法律1項は，年齢は出生の日より起算すると定めています。

2.2.2　期間の満了

　日，週，月または年によって期間を定めたときは，その期間は暦に従って計算します（143条1項）。「暦に従って」とは，1日を24時間に，1週を7日に，月をたとえば30日に，年をたとえば365日に換算するのではなく，週については曜日，月，年については日付で計算することです。このような計算方法を，暦法的計算法といいます。

　週，月，または年の初めから期間を起算しないときは，その期間は最後の週，月または年においてその起算日に応当する日の前日に満了します。ただし，月または年によって期間を定めた場合において，最後の月に応当する日がないときは，その月の末日に満了します（143条2項）。満了とは，末日の終了であり，末日の午後12時の到来です。翌日（応当日）の午前零時といってもよい時点だとするものもあります。確かに同時ですが，日を定める

という趣旨からは，両者を明確に区別し，あくまで応当日の前日の午後12時というべきです。何月までと定めた場合は，その月の末日の終了を意味します。

　Case 13-2 ①　では，日によって期間を計算する場合，初日は算入しない（140条本文）ので，1月2日に起算し，1月4日の終了をもって満了することになります。

　期間の満了には特例があります。期間の末日が日曜日，国民の祝日その他の休日にあたるときは，その日に取引をしない慣習がある場合に限り，その期間は，その翌日に満了します（142条）。ここにいう取引には，商取引のほか，公証人または執行官の職務行為も含まれます。慣習は，一方当事者にあればよいです。この規定は，期間の満了に関するものではありますが，期日の定め（毎月〇日という定め）について142条を参考とする最高裁判決があります（最判平成11年3月11日民集53巻3号451頁）。

　Case 13-2 ②　では，Case 13-1 ①　と同様に初日を参入せず，12月26日に起算し，翌年の1月1日の満了をもって1週間となりますが，国民の祝日にあたるため，かつ，通常，元旦や翌日の1月2日，翌々日の1月3日は休日として扱われるため，これらの日に取引をしない慣行があれば1月4日（ただし，この日が日曜日，その他の休日の場合，この日に取引をしない慣行があるかが問題となります）の終了をもって満了します。

2.2.3　逆　算

　民法に定められた期間に関する規定の趣旨は，期間を過去に遡って計算する場合にも適用されます。

2.3 年齢計算

2.3.1 年齢計算に関する期間の起算

> Case 13-3　Gの18歳の誕生日の前日に、衆議院議員の選挙が行われる。Gには、この選挙の選挙権があるか？

　年齢計算ニ関スル法律1項により、年齢については、民法による場合と異なり、出生の日から起算されます。通常は1日（24時間）に満たない出生日を1日と数えることになります。

2.3.2 年齢計算に関する期間の満了

　年齢計算ニ関スル法律2項により、143条が年齢計算に準用されます。年で計算される年齢は1年間の満了（年齢のとなえ方に関する法律1項も参照）により加齢となります。期間は出生日に起算されるので、翌年の応当日（誕生日）の前日の午後12時に満了します。法律上は、誕生日の前日に加齢することになります。

2.3.3 具体例

(1) 小学校入学

　2012月4月1日に出生した者は、6回目の誕生日（期間計算についての「応当日」）の前日である2018年3月31日の満了により満6歳となります。2018年3月31日午後12時の時点で満6歳の子を持つ保護者は、その子を小学校に入学させる義務を負います（学校教育法17条）ので、その子を翌日2018年4月1日から始まる年度に小学校に入学させる義務を負います。

(2) 選挙権

　年齢満18年以上の者に選挙権があります（公職選挙法9条1項2項参照）。満18歳となる誕生日の前日に行われる選挙についての選挙権は次のように取り扱われています。一般的には、誕生日の前日の午後12時に加齢するの

ですが，被選挙権に関する公職選挙法10条2項において，年齢は選挙の「期日」により算定すると規定されており，被選挙権に関する規定は選挙権についても類推適用されると解すべきこと，などにより，「満18年以上」というのは，満18年に達する日が終了したことを要せず，満18年に達する日を含むと解します。また別の見方をすれば，「年齢満18年以上」とは，選挙権取得の始期を定めるものであり，満18年に達する日をもって選挙権取得の始期と定めた趣旨であるとみられるので，満18年に達する出生応当日の前日の午後12時を含む同日午前零時以降の全部が選挙権取得の日に当るものと解することができます（大阪高判昭和54年11月22日高民集32巻2号224頁）。以上の理由から，満18歳の誕生日の前日の選挙については，選挙権があるとして扱われています。

　Case 13-3 では，年齢計算ニ関スル法律により，年齢は誕生日から起算します。そこで，1年の満了日は，誕生日の前日となります。18歳の誕生日の前日の選挙には，選挙権があります。

Discussion　　　　　　　　　　　　　　　　　　議論しよう

　法律上は誕生日の前日に歳をとることになります。このことは常識に反しているようにも思えます。誕生日に歳をとるように法改正したほうがよいでしょうか。

第14章 時効概論

Learning Points

▶他人の物だと知らずにずっとその物を自分の物として使い続けているとき，かなり時間が経ってから返せといわれても困ることがあるかもしれません。また，お金を借りた際，弁済期を過ぎてかなり経過すると，もう返せとはいわれないと考えるかもしれません。本章では，「取得時効」，「消滅時効」として，時間の経過が法的効果に結びつくことがあることを学びます。

▶取得時効は，権利を取得する制度です。消滅時効は，権利が消滅する制度です。同じ「時効」でも別の制度です。

Key Words

時効　取得時効　消滅時効

1　時効の意義

1.1　取得時効と消滅時効

　ある事実状態が所定の期間継続した場合に，その事実状態に対応する権利関係を認める制度を時効といいます。時効は，取得時効と消滅時効に区別できます。時効は，財産権にのみ適用があり，身分関係には適用されません。

1.2　時効制度の要素

　時効の効果が法的に認められるための要素は2つあります。1つは**時効の完成**であり，もう1つは**時効の援用**です。時効は定められた期間が満了する

> **Column** 取得時効と消滅時効の関係？
>
> 　取得時効と消滅時効は独立した制度であり，取得と消滅が裏腹の関係にあるわけではありません。たとえば，取得時効によって他人の権利が取得されると，元の権利者の権利は失われますが，これは消滅時効によったのではなく，取得時効によって権利が取得されたことの反射的効果として権利が消滅したのです。
>
> 　なお，刑事法にも時効があります（公訴時効）。ニュースで耳にする時効の多くはこちらで，同様に時間の経過が法的効果に結びついていますが，民事上のものとは別ものです。

ことにより完成しますが，それだけでは効果が生じたものとして扱うことはできず，時効の利益を受ける者が時効の援用をすることにより，時効の効果があるものとして扱われます。時効の利益を受けることを潔しとしない者に，時効の利益の押しつけをしないという趣旨です。

1.3　消滅時効類似の制度

1.3.1　除斥期間

　時効期間と類似するものとして**除斥期間**があります。除斥期間も時効期間同様，権利行使に関する一種の期間制限ですが，除斥期間は特に速やかな権利行使を目的としており，更新がないこと，援用を要しないこと，という点で時効期間と異なります。除斥期間でも，時効と同様に権利行使の期待可能性が問題となりますので，時効の制度である完成猶予について準用すべきとするのが有力です。

　法に定められた権利行使期間が時効期間であるか，除斥期間であるか，明示されておらず，議論があるものがあります。たとえば，最高裁は，民法（債権関係）改正前724条後段の20年の期間は除斥期間であると判示し（最判平成元年12月21日民集43巻12号2209頁），除斥期間とすると問題が生ずる場合には個別に不都合を回避していました（最判平成10年6月12日民集52巻4号1087頁，最判平成21年4月28日民集63巻4号853頁）。

民法（債権関係）改正では，明文をもって時効期間としました（724条柱書き）。

1.3.2 権利失効の原則

権利失効の原則は，民法に条文がありませんが，ドイツの学説・判例により形成された考え方です。権利の不行使が長く続いた後に突如として権利の行使をすることが信義に反すると認められる場合には権利の行使を許さないとします。このような考え方がドイツで採用されたのは，消滅時効の対象を請求権に限ること，消滅時効の期間が30年と長いこと（現在は，原則として3年とされています）といった特殊事情があったからです。

権利失効の原則は，消滅時効の対象とならない権利にも適用でき，また消滅時効の完成前に権利行使を阻止できる点で，消滅時効の硬直性を回避できます。判例は，権利失効の原則を一般論として肯定します（適用を否定した例として，最判昭和40年4月6日民集19巻3号564頁）。ただ，判決理由としては，「信義則ないし権利失効の原則」としています（最判昭和51年4月23日民集30巻3号306頁）。

1.4 時効制度の存在理由

1.4.1 時効制度に対する素朴な疑問と時効の存在理由

一定の期間が経過したとはいえ，他人の物が自分の物になり，借りたお金を返さなくてもよくなるのは，常識からすると不道徳ではないかとも考えられます。それにもかかわらず，諸国の立法では何らかの形で時間の経過を法的効果に結びつける制度を有しています。時効制度を設ける理由として，古くから3つの理由があげられています。

(1) **長期間継続した事実状態の尊重**

事実状態が継続すれば，すでにその事実状態を基礎にさまざまな法律関係が形成されており，それがくつがえるとすれば，事実状態を信頼した者が不

利益を被る可能性がある，との理由です。しかし，悪意の者も保護されるので，これだけでは，すべての時効を説明できません。

(2) **権利の上に眠る者を保護しない**

権利を行使し得るにもかかわらず権利を行使しない者は行使しないのが悪いのだから不利益を被ってもやむを得ない，との理由です。しかし，権利を行使するのは義務でなく，権利不行使を責められない場合がありますので，これだけでは，すべての時効を説明できません。

(3) **証明困難の緩和**

古い事実を立証するのは難しいので，長期の事実状態の継続は証明に代えることができる，との理由です。しかし，長期の事実状態といえども，真実の法律関係を反映していないことも決して珍しくありませんので，これだけでは，すべての時効を説明できません。

以上のような時効制度の理由は，時効制度の一面を捉えているに過ぎません。結局，時効の存在理由は多元的に説明されることになります。

1.4.2 時効の理解

時効をどのような制度と理解するかについて，大きく分けて2つの考え方があります。1つは，**実体法説**と呼ばれ，事実状態と権利関係の不一致を前提とし，時効を，権利の得喪(とくそう)を生ずる実体法上の制度と理解します。もう1つは，**訴訟法説**と呼ばれ，事実状態と権利関係の一致を前提とし，時効を，証拠に関する訴訟法上の制度と理解します。上記の存在理由(1)(2)は，実体法説に親和的で，民法の条文の文言にも合致します（条文は「取得する」「消滅する」と規定しています）。他方，存在理由(3)は，訴訟法説に親和的で，旧民法（ボアソナード民法）の条文の文言に合致します（条文は「取得又は免責の法律上の推定なり」（カタカナをひらがなに直しました）と規定していました）。学説は，いずれかの時効の理解に立って時効を統一的に把握しようとするものから，個々の時効制度ごとに時効の理解，存在理由を考えるものまでさまざまです。

1.5　抗弁権の永久性

権利が他人からの請求を排除する手段（抗弁権）として働く場合には、消滅時効に服さない、という主張があり、「**抗弁権の永求性**」と呼ばれています。この見解は、権利の行使には、訴訟において、積極的（攻撃的）に現状の変更を求める場合と、消極的（防御的）に現状の維持を求める場合があるとし、積極的行使には期間制限があるが消極的行使には期間制限がないと説明します。しかし、多数学説は、抗弁権にも消滅時効の適用があるとし、判例も「抗弁権の永久性」を認めてはいません。

2　取得時効

2.1　取得時効の意義

ある者が権利を所定の期間、支配し続けたという事実状態を基礎として、その権利の取得を認めることを、**取得時効**といいます。取得時効による権利取得は、原始取得とされ、反射的効果として権利者の権利は消滅します。

> **Column　原始取得**
>
> 原始取得とは、前主の権利を前提としない権利取得です。取得する権利の内容は、取得時効の場合、占有の態様によります。これに対し、前主の権利を前提とする権利取得は承継取得といいます。この場合、取得する権利の内容は前主の権利の内容によります。

2.2 所有権の取得時効

2.2.1 所有権の取得時効の要件

> **Case 14-1**
> Aは，工務店Bに依頼して塀の設置をしたところ，Aが全く知らないうちに，Bは隣地Cの土地に1メートルはみ出して塀を造ってしまった。Aは，はみ出した部分の土地をAの物と信じ，Aの物として使いながら，20年も経過してしまった。Aは，当該土地の所有権を主張できるか？

　20年間，所有の意思をもって，平穏に，かつ公然と他人の物を占有した者は，その所有権を取得します（162条1項）。加えて，占有の開始の時に，善意であり，かつ過失がなかったときは，10年間の占有で足ります（162条2項）。

(1) **自主占有・他主占有**

　所有の意思のある占有を**自主占有**といいます。所有の意思のない占有は，**他主占有**です。所有権の取得時効には，自主占有であることが必要です。

　自主占有であるかは，内心の意思ではなく，占有をすることになった原因により客観的に判断します。たとえば，物の買主の占有は自主占有，物の借主の占有は他主占有です。物を盗んだ者も，所有の意思をもって物を所持していれば，自主占有です。占有者は所有の意思を持って占有する（自主占有）と推定されます（186条1項）。

Column　占　有

　占有とは，自己のためにする意思をもって物を所持すること（180条）です。占有は，観念化されており，貸主が借主を通じて占有するような間接占有（代理占有）も占有です（181条）。占有の態様は，自主占有・他主占有，平穏・強暴，公然・隠秘，占有権原の有無について善意・悪意，善意について無過失・有過失によって区別されます。他主占有，強暴，隠秘，占有権原についての悪意，善意についての過失を，占有の瑕疵といいます。

他主占有は，占有者が自己に占有をさせた者に対して所有の意思があることを表示し，または借主が所有者から占有物を購入するなど，新たな権原(けんげん)によりさらに所有の意思をもって占有を始めると，自主占有に変更することができます（185条）。

(2) 平穏・公然

占有者は，平穏，かつ公然と占有するものと推定されます（186条1項）。平穏とは，暴力によらないことで，公然とは，密かに隠したりしないことです。窃盗による占有の場合は，「公然」の要件が欠けることがあります。

(3) 善意・無過失

取得時効で問題となる善意とは，自分に所有権があると信ずることであり，単に「所有権がないことを知らない」のではなく，積極的に自己の所有権の存在を信じることです。占有者の善意は推定されますが（186条1項），無過失は推定されません（186条1項に「無過失」が規定されていません）。

2.2.2 所有権の取得時効の客体

(1) 「他人」の物

162条1項2項はいずれも，取得時効の客体は「他人」の物であると規定しています。確かに権利を新たに取得するとすれば，その取得の前は他人の物です。これは権利が時効によって移転することを強調する実体法説に親和的です。他方，時効が証拠の代わりになることを強調する訴訟法説では，もともと自己の物なのに，その証明ができないので時効で証明に代えることになります。これを前提とすれば，取得時効の目的物が他人の物である必要はありません。逆に，自己の物であることが前提だとも言い得ます。自己の物

Column　権限と権原

権限とは，私法上は，法律関係を成立させ，または消滅させる地位をいいます。たとえば，代理人の権限がこれにあたります。これに対し，権原とは，法律行為または事実行為を正当化する根拠をいいます。たとえば，賃借権は目的物を使用することを正当化します。

を時効取得することは，一見矛盾しているようにみえますが，判例もこれを認めています（最判昭和42年7月21日民集21巻6号1643頁〈百選Ⅰ45〉）。

(2)他人の「物」

民法が立法された当時，162条2項は，目的物を他人の「不動産」としていました。動産については，即時取得の制度があり（192条），短期の取得時効が不要と考えられたためです。確かに，取引行為によった場合は，即時取得（善意・無過失）が適用になります。しかし，取引行為によらずに動産の占有を始めることもあり，その場合には，動産の短期の取得時効に意味があります。そこで，民法が現代語化される際，162条2項も，1項と同様に他人の「物」と改正されました。

2.2.3 占有の継続

(1)占有期間

占有した期間の計算は，138条以下の規定によります。A時点で占有しており，B時点で占有していれば，A時点からB時点まで占有が継続していたと推定されます（186条2項）。

所有権の取得時効は，平穏・公然の自主占有が一定期間継続した場合に認められます。占有開始時，占有者が善意・無過失の場合は10年間，そうでない場合は20年間の占有が必要となります。

(2)占有期間の起算点

占有期間の起算点は占有開始時です。140条は初日不参入（午前零時からの場合を除く）を規定しますので，期間は占有を開始した日の翌日から起算されることになります。

2.2.4 占有の承継

占有は承継することができます。たとえば，売買がなされ，目的物が売主から買主へと引き渡されると，占有も売主から買主へと承継されます。このような承継を**特定承継**といいます。また，占有者が死亡した場合は，占有が相続によって相続人に承継されます。このような承継を**包括承継**といいます。

占有者の承継人は，その選択に従い，自己の占有のみを主張し，または自己の占有に前の占有者の占有をあわせて主張することができます（187条1項）。占有者が前の占有者の占有をあわせて主張する場合には，その瑕疵をも承継します（187条2項）。

2.2.5 自然中断

所有権の取得時効は，①占有者が任意にその占有を中止し，または②他人によってその占有を奪われたときは，中断します（164条）。これを**自然中断**といいます。②については，占有回収の訴え（200条）を提起し，勝訴すれば，占有は継続したものとして扱われます（203条ただし書き）。占有を失った者が再び取得時効の基礎となる占有を始めたときは，その時点から新たな時効が進行します。

2.2.6 所有権の取得時効の効果

(1)所有権の取得

所有権の取得時効の効果は所有権の取得です（162条1項，2項）。実体法説では，文字通り所有権の取得です。これに対し，訴訟法説では，所有者であることの証拠があると説明することになります。

(2)遡及効

時効の効果は，起算日に遡ります（144条）。これにより，時効取得者は，起算日から所有者だったことになります。したがって，①時効期間中の果実（地代，くだもの）は，元物の時効取得者に帰属し，②時効取得者が時効期間中になした目的物の法律上の処分は有効であり，③時効取得された所有権を時効期間中に侵害した者は，時効取得者に対して不法行為責任を負うことになります。

Case 14-1 では，Aは，所有の意思をもって平穏・公然に20年間占有を継続しましたから，はみ出した部分の所有権を時効によって取得します。Aは時効を援用することにより，当該土地の所有権を主張することができます。

2.3 所有権以外の財産権の取得時効

2.3.1 所有権以外の財産権の取得時効の要件

所有権以外の財産権を，自己のためにする意思をもって，平穏に，かつ公然と行使する者は，162条の区別に従い20年または10年を経過した後，その権利を取得します（163条）。所有権の場合と同様に，自然中断があります。

2.3.2 「所有権以外の」財産権

占有を権利の内容とする所有権以外の物権は，原則として取得時効の対象となります。たとえば地上権，永小作権，地役権のような用益物権です。これに対し，たとえば留置権，先取特権のように法律の規定によって成立する権利，また，たとえば取消権，解除権のように継続的準占有になじまない権利（形成権は行使することにより効果が生じ，継続的支配はありません）は，取得時効の対象となりません。

債権の時効取得を認めるかについては，検討する必要があります。金銭債権のような債権は，行使すれば，通常は，目的を達成して消滅します。また，金銭債権の権利者でない者が連日金銭の支払いを請求し続けたとしても，権利を継続的に行使したとして権利取得を認めることはできません。他方で，債権にも，占有を内容とするものがあります。たとえば，無効な不動産賃借権により目的物を占有し，継続的に賃料を支払い続けた場合，賃借権の時効取得を認めることが考えられます。判例は，不動産賃借権の時効取得を認めます（最判昭和62年6月5日判時1260号7頁〈百選Ⅰ47〉）。

Column 　占有と準占有

自己のためにする意思をもって財産権の行使をすることを，準占有といいます（205条）。所有権以外の財産権については，その権利に適合するように162条を読み替えて適用します。

2.3.3 所有権以外の財産権の取得時効の効果

準占有を継続した権利を取得します。その他の効果は，所有権以外の財産権の取得時効と同様です。

3 消滅時効

3.1 消滅時効の意義

権利が行使されない状態が一定期間継続した場合，その権利の消滅を認めることを，**消滅時効**といいます。所有権は消滅時効にはかかりません（166条1項，2項の趣旨）。

3.2 債権の消滅時効

3.2.1 一般的な債権の消滅時効の起算点と時効期間

> Case 14-2　Aは，Bに1週間の約束で10万円を貸したが，うっかりそのことを忘れてしまい，Bと何の接触もないまま，6年が経過してしまった。Aは，Bに対し，貸した金の返還を請求できるか？

一般的な債権の消滅時効期間の起算点は大きく2つに分けられます。1つは，権利を行使することができることを知った時です（166条1項1号；**主観的起算点**）。もう1つは，権利を行使することができる時です（166条1項2号；**客観的起算点**）。起算にあたっては，原則として初日不参入（140条本文）ですので，その翌日に起算されます（最判昭和57年10月19日民集36巻10号2163頁）。

(1)主観的起算点による消滅時効

「権利を行使することができることを知った時」が起算点となります。権利を行使することができることを知れば，権利を行使するのが普通です。民法（債権関係）改正前には，債権の消滅時効一般にかかわる起算点ではありませんでした（不法行為に基づく債権には，主観的起算点がありました。改正前724条参照）が，消滅時効制度を見直す議論の中で債権一般に導入されました。主観的起算点による消滅時効期間は，5年間です（166条1項1号）。

(2)客観的起算点による消滅時効

「権利を行使することができる時」が起算点となります。権利を行使することを妨げる事由には法律上の障碍と事実上の障碍があります。従来，ここで問題となるのは，法律上の障碍であると考えられてきました。しかし，判例は，権利の性質上，その権利行使が現実に期待できる時という基準も考慮しています。

法律上の障碍の典型例は履行期の存在です。履行期が未到来の債権は行使できません。ただし，法律上の障碍であっても，権利者が除去し得るものであれば，時効の進行は妨げられません。たとえば，同時履行の抗弁権（533条）がこれにあたります。なお，履行期の定めのない債権は成立と同時に行使可能だとされます（ただし，消費貸借については，591条1項により，相当期間経過後，権利行使が可能になるとされています）。

事実上の障碍として従来から問題となっていたのは，権利者が権利の存在を知らないことです。古い判例（大判昭和12年9月17日民集16巻1435

Column　債権種類別短期消滅時効の廃止

民法（債権関係）改正前には，債権の種類ごとに時効期間が異なる「短期消滅時効」（1年から3年）がありました。しかし，債権の種類によって時効期間が異なることに合理性があるか疑問が呈され，また，ある債権がどの種類に該当するのかが不明確であるとして廃止されました。これに伴い比較的短い期間の消滅時効として，主観的起算点から5年の消滅時効が導入されました。なお，迅速性を理由として定められていた商事消滅時効（権利を行使できる時から5年間；商法522条）も廃止されました。

頁）には，債権者が権利の存在を知らなくても消滅時効は進行するとするものがあり，権利者が権利の存在を知らないこと自体は消滅時効の進行を止めないとされています。この点は，民法（債権関係）改正により主観的主観点の問題となりました。

他方で，現実に権利行使が期待できるかを問題とする最高裁判決もあります（最大判昭和45年7月15日民集24巻7号771頁，最判平成6年2月22日民集48巻2号441頁〈百選Ⅰ44〉）。この点は，解釈に委ねられているといえます。

客観的起算点による消滅時効期間は，10年間です（166条1項2号）。ただし，例外的に，人の生命または身体の侵害による損害賠償請求権の消滅時効については20年間です（167条）。

3.2.2 定期金債権の消滅時効の起算点と消滅時効期間

月々支払っていくような債権を**定期金債権**といいます。各債権を行使することができることを知った時（主観的起算点）から10年間行使しないとき（168条1項1号），または各債権を行使することができる時から20年間行使しないとき（168条1項2号）は，時効によって消滅します。

定期金はかなりの長期にわたることも多いので，定期金の債権者は，時効の更新の証拠を得るため，いつでも債務者に対して承認書の交付を求めることができます（168条2項）。

3.2.3 確定判決などにより確定した権利

確定判決または確定判決と同一の効力を有するもの（たとえば，調停）に

Column　人身損害の時効期間の統一

債務不履行に基づく損害賠償請求と不法行為に基づく損害賠償請求では時効期間が異なります（166条，724条）。ただ，人身損害については，167条と724条の2により短期（主観的起算点）5年，長期（客観的起算点）20年で統一されることになりました。

よって確定した権利については，10 年より短い時効期間の定めがあっても，その時効期間は 10 年となります（169 条 1 項）。確定判決等により権利の存在が明確化されたことによります。ただし，判決の確定の時に弁済期の到来していない債権については，適用になりません（169 条 2 項）。

なお，（連帯）保証債務の消滅時効期間が 10 年に延長されても，主たる債務の消滅時効期間は，10 年に延長されません（大判昭和 20 年 9 月 10 日民集 24 巻 82 頁）。他方，主たる債務の消滅時効期間が 10 年に延長された場合は，（連帯）保証債務の消滅時効期間も 10 年に延長されます（最判昭和 43 年 10 月 17 日判時 540 号 34 頁，最判昭和 46 年 7 月 23 日判時 641 号 62 頁）。保証債務の附従性によります。

3.2.4 形成権の消滅時効

形成権（たとえば，取消権）は，法に期間制限の規定があれば，それに従います（たとえば，取消権について，126 条）。期間の定めがない形成権については，従来の学説では，債権または所有権以外の財産権として 20 年の消滅時効にかかるとする考え方や，権利の行使によりその目的を達成する形成権に消滅時効は適さないとして，消滅時効の適用を否定する考え方がありました。

判例は，形成権で期間の定めのないものは，債権に準じて 10 年間（商事に関するものは 5 年間。商法旧 522 条）の消滅時効にかかるとしていました（大判大正 6 年 11 月 14 日民録 23 輯 1965 頁，大判大正 10 年 3 月 5 日民録 27 輯 493 頁）。また，判例は，形成権の行使の結果として生ずる請求権の消

Column　保証・連帯保証と附従性

保証とは，主たる債務者（たとえば，お金を借りた者）が債務の履行をできないときに，代わって履行する責任を負うというものです（446 条）。連帯保証では，主たる債務者が履行をできないか否かにかかわらず，代わって履行する責任があります（458 条参照）。いずれにしても，主たる債務あっての保証債務です。これを，保証債務の附従性といいます。

滅時効は，形成権自体の消滅時効とは別であり，形成権行使の時から進行するとしていました（大判大正7年4月13日民録24輯669頁）。ただ，この考え方によると，形成権の時効満了間際に形成権が行使されると，形成権が生じてから合計で20年近く権利関係が決着しないことになり，不都合だという批判がありました。そこで，有力説は，形成権の期間制限は，形成権行使の結果生ずる請求権についての期限でもあると主張していました。

民法（債権関係）改正では，この点についての明文の規定は置かれず，解釈に委ねられました。

3.2.5 消滅時効にかからない権利

(1)所有権

所有権は消滅時効にかかりません（166条2項）。所有権に基づく権利も消滅時効にかかりません。所有権に基づく権利には，物権的請求権，共有物分割請求権（256条1項），相隣関係の権利（209条～）などがあります。

(2)占有権

占有権は，事実状態に随伴する権利（188条～）ですので，消滅時効にかかりません。

3.3 消滅時効の効果

3.3.1 権利の消滅

消滅時効の効果は権利の消滅です（166条1項柱書き）。ただ，時効制度に関する理解によって，実体法説は文字通り権利の消滅と説明しますが，訴訟法説は権利の消滅についての強力な証拠となると説明します。

3.3.2 遡及効

権利の消滅の効果は起算日に遡ります（144条）。これにより，たとえば，消滅時効により債務を免れた者は起算日以降の利息の支払いを免れます（大

判大正 9 年 5 月 25 日民録 26 輯 759 頁)。

Case 14-2 では，期限を定めたお金の貸し借りが問題となっています。この場合，貸主は期限が来れば返済の請求ができることを知っています。したがって，A はその時から権利を行使できることを知っています。この時が時効の主観的起算点となります。この時から 5 年間権利を行使しないと，お金を返せという債権は時効によって消滅します。B が時効を援用すると，A は返済請求ができなくなります。

| Working | 調べてみよう |

A → B → C と占有が承継されました。以下の場合，C の占有の主張の仕方としてはどのようなものがありますか。

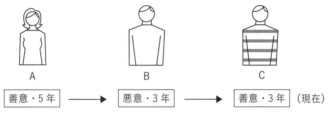

第15章 時効の障碍

時効の更新，完成猶予と援用

Learning Points

▶時間が経過したとしても，取得時効，消滅時効を認めるべきでない場合があります。たとえば，時効の相手方が明確に権利を認めていればそれまでの時効の進行を認める必要はありません。また，大災害が起きて権利の行使が期待できない状況で時効期間の満了を認めるのは妥当ではありません。本章では，「更新」と「完成猶予」を学びます。

▶時効が完成しても，時効の利益を受ける者が時効を主張するのを潔しとしないことがあります。逆に，借りたお金を返したにもかかわらず，返したことを立証できないのであれば，借主は，時効を主張したいでしょう。本章では，「援用」を学びます。

Key Words

時効の更新　時効の完成猶予　時効の援用

1 時効の障碍

1.1 時効の障碍の意義

1.1.1 時効の障碍の根拠

時効は，一定の時間の経過により，権利が消滅し，または権利が取得される制度です。しかし，そもそも時効を認める趣旨に鑑みると，時効が進行するためには，時間が経過するだけでは足りず，権利の不行使が必要である（実体法説）とか，権利関係について明確であれば時効は不要である（訴訟法説）ということになるはずです。

権利が明確になったような場合には、その時点で、それまでの時間の経過による時効の適用を認める必要がなくなります。そこで、このような事由を更新事由として、それまでの時効期間の経過を無意味にし、時効期間の進行は、振り出しに戻るとします。これが、**時効の更新**です。

また、権利者が権利行使の意思を明らかにし、あるいは権利者の権利行使が不可能または著しく困難であるような一定の事情があるときは、時効が完成するのは望ましくありません。そこで、時効が完成しようとする段階で、一定の期間を時効期間に算入しないということが考えられます。いわば、時効の完成を猶予する、あるいは時効の完成を延期するのです。これが**時効の完成猶予**です。更新とは異なり、完成猶予では、完成猶予事由が消滅しても、時効は振り出しには戻りません。猶予期間の経過により、時効が完成します。

1.1.2 更新と完成猶予の振り分け

民法は、更新と完成猶予について、それぞれに該当する事由ごとにまとめて規定するのではなく、当事者間、関係者間で生じた事実の類型ごとに規定を置いています。また、権利行使の意思を明らかにしたと評価できる事由を完成猶予、権利の存在について確証があると評価できる事由を更新に振り分けています。

1.1.3 適用範囲

更新および完成猶予として定められる事由は、民法（債権関係）改正で大きな修正があった債権の消滅時効だけでなく、その他の権利の消滅時効や取

> **Column　時効障碍の用語変更**
>
> 民法（債権関係）改正前は、「中断」、「停止」という制度があり、中断はほぼ更新に、停止はほぼ完成猶予に対応していました（ただし、従来の中断事由が完成猶予事由となっているものもあり、完全に対応していない点には注意が必要です）。用語が分かりにくいということもあり、内容の改正に伴い用語も改正されました。また、改正前の民法は、中断事由、停止事由をそれぞれ別にまとめて規定する方式を採用していました。

得時効にも適用されます。

1.2 時効の障碍事由

1.2.1 裁判上の請求等による時効の完成猶予と更新

　裁判上の請求，支払督促の申立て，裁判上の和解・民事調停・家事調停の申立て，倒産（破産，再生，更生）手続参加は，完成猶予事由となります（147条1項）。これらの事由が終了するまでは，時効は完成しません。確定判決または確定判決と同一の効力を有するものによって権利が確定することなくこれらの事由が終了しますと，その終了時から6か月を経過するまでは時効が完成しません（最判昭和45年9月10日民集24巻10号1389頁などの明文化です）。

　確定判決または確定判決と同一の効力を有するものによって権利が確定することは，更新事由となります（147条2項）。

　従来から，債権の一部について訴えが提起された場合（一部請求）の残部の時効については，議論がありました。今回の改正でもこの点は明確化されることなく，解釈に委ねられています。ただ，債権の一部であることを明示して一部請求をした場合は，特段の事情のない限り，残部についても裁判上の請求（民法（債権関係）改正前は「裁判上の催告」）があるといえましょう（最判平成25年6月6日民集67巻5号1208頁参照）。

1.2.2 強制執行等による時効の完成猶予と更新

　強制執行，担保権の実行，民事執行法195条に規定する担保権の実行としての競売の例による競売，民事執行法196条に規定する財産開示手続は，完成猶予事由となります（148条1項）。これらの事由が終了するまでは，時効は完成しません。申立ての取下げ，または法律の規定に従わないことによる取消しによってその事由が終了した場合は，その終了時から6か月間は時効が完成しないのは，147条と同様です。

強制執行等がなされても権利の満足に至らないときは、申立ての取下げ、または法律の規定に従わないことによる取消しによってその事由が終了した場合を除き、強制執行等の事由が終了した時から時効が新たに進行します（更新事由となります；148条2項）。

1.2.3 仮差押え，仮処分による時効の完成猶予

仮差押え、仮処分は、その事由が終了した時から6か月を経過するまでは、時効は完成しませんので、完成猶予事由となります（149条）。

1.2.4 催告による時効の完成猶予

催告があったときは、その時から6か月を経過するまでは、時効は完成しませんので、催告は完成猶予事由となります（150条1項）。催告によって時効の完成が猶予されている間にされた再度の催告は、完成猶予の効力を有しません（150条2項）。催告を繰り返しても、時効の完成を延期できないという趣旨です。再度の催告が裁判上行われた場合（従来の「裁判上の催告」）には、その催告に完成猶予の効力があるか否かについては明文がなく、解釈に委ねられています。

1.2.5 協議を行う旨の合意による時効の完成猶予

権利についての協議を行う旨の合意が書面でされたときは、①その合意があった時から1年を経過した時、②その合意において当事者が協議を行う期

Column　協議を行う旨の合意についての書面

時効完成猶予のためには、権利について協議を行う旨の合意は「書面」でされることが必要です。協議続行拒絶の通知も同様です。ここでの書面には、「電磁的記録」も含まれます（151条4項、5項）。たとえば、電子メールの記録があれば、それは「書面」になります。このほか、民法で「電磁的記録」を「書面」と明確に規定しているものとして446条3項がありますが、他方、550条では同様に書面が関係しますが、電磁的記録でよいとの規定がありません。比較してみてください。

間（1年に満たないものに限る）を定めたときは，その期間を経過した時，③当事者の一方から相手方に対して協議の続行を拒絶する旨の通知が書面でされたときは，その通知の時から6か月経過した時，のいずれか早い時までの間は，時効は完成しません（151条1項）。協議を行う旨の合意が完成猶予事由となるということです。また，この合意により完成が猶予されている間に，再度，協議を行う旨の合意をした場合，その合意は，完成猶予の効力を有しますが，時効の完成が猶予されなかったとすれば時効が完成したはずの時から通じて5年を超えることができません（151条2項）。

他方，催告によって時効の完成が猶予されている間になされた協議を行う旨の合意は，合意による時効完成猶予の効力を有しません。また，合意によって時効完成が猶予されている間になされた催告も，時効完成猶予の効力を有しません（151条3項）。

1.2.6 承認による時効の更新

> Case 15-1
> Aは，1年後に返済する約束でBに100万円を貸した。その後，Aが忙しく，ABのやりとりのないまま3年が経過した。AがBに返済を請求したところ，必ず返すからもう少し待って欲しいとの手紙が来た。その後，やりとりのないまま，当初定めた返済期限から6年が経過した。返還債務について，時効が完成しているか？

時効は，権利の承認があったときは，その時から新たに進行を始めます（152条1項）ので，承認は更新事由です。この承認をするには，相手方の権利についての処分につき行為能力の制限を受けていないこと，または権限があることを要しません（152条2項）。承認の効果は承認者の効果意思に基づくものではなく，承認は処分行為でないからです。

Case 15-1 では，承認により時効が更新されます（152条1項）。貸借の3年後は当初の弁済期から2年後です。その時点で更新がありましたので，この時点から新たに時効が起算されます。当初の弁済期から6年後は，この時点から4年後ですので，時効期間である5年は経過していません。時効は

完成していません。

1.2.7 天災等による時効の完成猶予

> **Case 15-2** Cは，Dに対し1年後を弁済期として10万円を貸した。ところが，Cはこのことを忘れてしまった。その後，弁済期から4年11か月が経過した時点でこの貸金を思い出し，裁判の準備をしている時に大地震が起き，裁判どころではなくなってしまった。大地震による混乱は1か月続き，その後，Cが何もできないまま弁済期から5年2か月が経過したところで，CはDに対し貸金の返済を請求したのに対し，Dは消滅時効を援用するとした。Cの請求は認められるか？

　時効期間の満了の時にあたり，天災その他避けることのできない事変のため，裁判上の請求等（147条1項），強制執行等（148条1項）の手続を行うことができないときは，その障碍が消滅した時から3か月を経過するまでの間は，時効は完成しません（161条）。

　Case 15-2では，時効期間満了にあたり大地震が起き，裁判の手続を行うことができなかったことから，大地震の混乱が終了してから3か月間，時効の完成猶予がありますので，時効は完成していません。

Column　時効の完成猶予・更新の特則

　時効の完成猶予または更新に関しては特則があります。共有者に対する時効の更新は，地役権を行使する各共有者に対してしなければ，その効力を生じず（284条2項），また地役権を行使する共有者が数人ある場合には，その1人について時効の完成猶予の事由があっても，時効は，各共有者のために進行します（284条3項）。また，要役地が数人の共有に属する場合においては，その1人のために時効の完成猶予または更新があるときは，その完成猶予または更新は，他の共有者のためにも，効力を有します（292条）。

　また，主たる債務者に対する履行の請求その他の事由による時効の完成猶予および更新は，保証人に対しても，効力を有します（457条1項）。

　いずれも，「地役権」，「保証」を勉強してから，再度，確認してください。

1.3 時効の完成猶予または更新の効力が及ぶ範囲

1.3.1 当事者および承継人

時効の完成猶予または更新は，それらの事由が生じた当事者及びその承継人の間においてのみ効力を有します（153条）。

1.3.2 裁判所が関与する手続の通知を受けた者

強制執行等（148条1項各号に掲げられたもの），仮差押え，または仮処分は，時効の利益を受ける者に対してしないときは，その者に通知をした後でなければ，時効の完成猶予または更新の効力を生じません（154条）。

2 時効の援用

2.1 援用の意義

時効は当事者が援用しなければ，裁判所がこれによって裁判をすることができません（145条）。援用とは，時効の利益を受け得る者が実際に時効の利益を受けようとする主張です。援用を必要とすることにより，時効が完成しても，権利の取得や義務の消滅という利益を受けるかどうかは，その者の意思に委ねられることになります。

2.2 時効の効果発生と援用

取得時効では，権利が取得され（162条），消滅時効では，権利が消滅する（166条）と規定されています。他方で，時効は，当事者が援用しなければ，裁判所がこれによって裁判をすることができない（145条）とも規定されています。この関係から，時効の効果がいつ発生するのかという問題が生

じます。

1つの考え方は，時効が完成すると，時効の効果は確定的に発生するとします。これを，確定効果説（完成時説）といいます。この考え方によれば，援用は，訴訟法上の攻撃防御方法に過ぎないことになります（法定証拠の提出とする考え方もありますが，考え方の分類は多様です）。もう1つの考え方は，当事者によって時効が援用されるまでは，時効の効果は確定的に発生しないとします。これを，不確定効果説（援用時説）といいます。この考え方によれば，援用を時効の効果発生のための停止条件的なものとするか，援用を時効の効果が発生するための要件であるとすることになります。

確定効果説に対しては，以下のような批判があります。時効の不利益を被る者の攻撃防御方法の中に時効完成の事実が含まれていると，時効の効果が確定的に発生していることになり，裁判所は当事者の援用なしに時効を考慮できることになり，これは明らかに145条に反するので，時効の完成だけで効果が確定するとは考え難いというのです。判例は，（停止条件か，要件かは，はっきりしないのですが）不確定効果説の考え方です（最判昭和61年3月17日民集40巻2号420頁〈百選I 41〉）。

2.3 援用規定の存在理由

2.3.1 良心規定説（通説）

援用規定は，時効の利益を受けるか否かを当事者の良心に委ねたとする考え方があります。この考え方は，訴訟法説に適合しています。事実に反する主張をするのは，良心に反するはずです。時効の効果を受けるために援用を要することにすれば，非権利者が権利を取得し，未弁済者が時効により債務を免れるというような望ましくない結果の予防になります。逆にいえば，良心に基づく援用があれば，権利者・弁済者である蓋然性が高くなると説明します。

これに対し，145条が良心規定だというのは，実体法説にはなじみません。

時効により権利を得，または義務を免れたのですから，当然，主張してよいはずです。時効により権利を得，または義務を免れることは，法律が認めているのです。

2.3.2 弁論主義説（少数説）

145条は，弁論主義からの当然の帰結であるとする考え方があります。確定効果説に適合的です。援用は，裁判上なされることになります。

2.3.3 利益の押しつけ防止説（少数説）

援用規定の存在理由を，時効の利益はその利益を受けたい者だけに与えるものである（利益の押しつけはしない），と説明します。本来は，他人の物は他人に返し，債務は履行すべきですが，時効はこの例外と捉えます。

2.4 援用権者

2.4.1 消滅時効と取得時効

> Case 15-3　Aは，100万円をBから借りていたが，弁済期から5年が経過し，時効が完成した。Aは，時効を主張することは人間として潔くないと考え，100万円をBに返済しようと考えているが，Aの債務を保証した兄Cは，時効を援用したい。Cは時効の援用ができるか？

Column　弁論主義

弁論主義とは，判決の基礎をなす事実の確定に必要な資料の提出を当事者の権能および責任とする考え方で，通常の民事訴訟で採用されます。これに対し，真実の探求が重要な訴訟（人事訴訟など）では，裁判所自らが裁判資料の収集を行います。これを職権探知主義といいます。

時効を援用できるのは「当事者」です（145条）。民法（債権関係）改正では，従来の判例・学説を踏まえ消滅時効について明文を置くことにして「当事者」の内容を明確化しました。これにより，保証人，物上保証人，第三取得者その他権利の消滅について正当な利益を有する者を含むことが明文で定められました。他方，取得時効については，引き続き解釈に委ねられています。

Case 15-3 では，援用権者が問題となります。保証人は援用権者ですので，消滅時効を援用できます。

2.4.2 取得時効の援用権者

時効にかかる権利関係の当事者が時効を援用できることは疑いがありません。ここでの問題は，援用することに法律上の利益がある者は誰でも援用できるのか，ということです。当初の判例は，（消滅時効の場合も含め）「直接に利益を受ける者」が時効を援用できるとしていました。その後，判例は，一般論を維持しながら，実際上は間接的に利益を受けるに過ぎない者にも援用を認めていきました。取得時効に関する事例としては，土地の時効取得を主張し得る建物所有者から建物を賃借した者に援用を認めませんでした（最判昭和44年7月15日民集23巻8号1520頁）。

2.4.3 時効の援用の効果の及ぶ人的範囲

時効の援用の効果は相対的です。時効の利益は，それを受けたい者のみに与えれば十分だからです。ただし，主たる債務について時効が援用された保証人のように，当事者の関係によっては，援用の効果が及ぶことがあります。

2.5 時効の利益の放棄・時効の援用権の喪失

2.5.1 時効の利益の放棄

時効の利益はあらかじめ放棄することができません（146条）。時効完成

前の時効の利益の放棄は無効です。たとえば，お金を貸すにあたり債権者が自己の有利な立場を利用して，債務者に時効利益の放棄を強制するおそれがあります。これに対し，時効完成後の時効の利益の放棄は有効です（146条の反対解釈）。利益を受ける者がその利益を放棄するのは自由だからです。

時効が公益的制度であるとともに，弱者保護の必要があるので，時効の完成を困難にする特約は無効だとされます。これに対し，時効の完成を容易にする特約は，時効制度の趣旨に反しないので有効です。

時効の利益が放棄されると，時効を援用できなくなり，時効の効果を主張できなくなります。ただし，放棄後，新たに時効が進行し，新たな時効が完成すれば，この時効を援用することは可能です（最判昭和45年5月21日民集24巻5号393頁）。

なお，時効の進行中に権利を認めるのは「承認」ですが，時効完成後に権利を認めるのは「時効の利益の放棄」です。明確に区別されます。

2.5.2 時効の援用権の喪失

> Case 15-4
> Dは，Eに100万円を貸し，時効期間が満了し，時効が完成した。その後，DがEに100万円の返済を請求したところ，Eは，時効が完成していることを知らず，今はお金がないので少し待って欲しいと回答した。Eは時効を援用できるか？

時効の利益の放棄には放棄の意思が必要です。時効完成の認識がなければ，時効の利益を認識していないのですから，その放棄の意思もないはずです。したがって，時効完成を知らなければ，時効の利益の放棄はできません。それでは，時効完成を知らないでした債務の存在を前提とする行為は，どのように扱われるのでしょうか。

かつての判例は，債務者が消滅時効完成後に債務の存在を前提とする行為をした場合には，時効の完成を知ってなしたものと推定するとした上で，この反証を容易に認めないとしました。しかし，時効の完成を知って時効の利益を放棄するというのは経験則に反すると批判され，また推定が破られ，時

効の援用が認められる余地があるという点に問題がありました。そこで，判例が変更され，このような行為がなされた場合には，信義則上，援用権を喪失するとしました（最大判昭和41年4月20日民集20巻4号702頁〈百選Ⅰ43〉）。

Case 15-4 では，時効期間が満了していますが，Eは，債務を負っていることを認めています。時効期間が満了していますので，更新事由の承認ではありません。また時効が完成していることを知らなかったのですから，時効の利益の放棄ではありませんが，時効の援用権を喪失します。

2.5.3 時効の利益の放棄・喪失の相対効

時効の利益の放棄，援用権の喪失の効果は相対的です。時効の利益を受けるか否かは，本来，各当事者の意思に任されるべきで，援用権の喪失については，他の援用権者に影響を与えるべきではないからです。

2.6 援用権の濫用

時効の援用が権利の濫用とされることがあります（最判昭和51年5月25日民集30巻4号554頁）。ただ，事案の妥当な解決のために必要最小限にとどめられるべきで，時効について信義則，権利濫用を強調し過ぎると，時効制度の目的に反することになります。

Discussion　　　　　　　　　　　　　　　　　　議論しよう

貸金について時効が完成した後，貸主が借主へ取立てに行き，利息の一部でよいので払って欲しいといって，借主に1,000円程度を支払わせることがあります。借主は時効が完成していることを知りません。本文に見たとおり，利息の一部支払いは，形式的には，援用権を喪失させます。このようなことは，貸金業者によってしばしば行われています。妥当性について考えてみましょう。

さらに学びたい人のために

引用している判例については，潮見佳男＝道垣内弘人編［2018］『民法判例百選Ⅰ総則・物権（第8版）』，窪田充見＝森田宏樹編［2018］『民法判例百選Ⅱ債権（第8版）』，水野紀子＝大村敦志編［2018］『民法判例百選Ⅲ親族・相続（第2版）』（いずれも有斐閣）で理解を深めてください。民法総則についてより詳しく勉強したい方は，参考文献に掲げた情報量のより多い教科書を読んでください。例として，大村［2017・2015］『新基本民法Ⅰ・Ⅱ』，内田［2008］の該当箇所を掲げておきます（民法（債権関係）改正への対応にご注意ください）。また，民法（債権関係）改正を深めたい方は，森田［2013］に挑戦してみてください。

▶第1章　民法とは何か

- 勉強の仕方：道垣内［2010, 第6章, 第7章］。
- 答案の書き方：井田ほか［2016］。
- 民法典の歴史：加藤［2005, 第2章］，道垣内［2017, 第1章］。
- 民法の意義：河上［2014, 第1章］。

▶第2章　法律学入門

- 一般法・特別法：河上［2014, 第8章］。
- 法源：我妻［1965, 第2章］。
- 法の解釈方法：道垣内［2010, 第2章］，山下ほか［2013］。

▶第3章　債権法・物権法の基礎

- 契約：大村［2016, 総論, 序章, 第1章］『新基本民法5契約編』。
- 物権：大村［2015, 総論, 序章, 第1章］『新基本民法2物権編』。

▶第4章　民法の基本原理

- 信義則：河上［2014, 第5章］。
- 権利濫用：河上［2014, 第2章］。

▶第 5 章　権利の主体（自然人）

- 権利の主体（自然人）：内田［2008，第 2 部第 3 章］。
- 胎児の権利能力：河上［2014，第 3 章］。

▶第 6 章　権利の主体（法人）と権利の客体（物）

- 権利の主体（法人）：内田［2008，第 2 部第 5 章］。
- 法人：大村［2015，第 3 章］『新基本民法 2 物権編』。

▶第 7 章　法律行為

- 契約の有効性：内田［2008，第 2 部第 6 章一〜四］。
- 公序良俗違反：河上［2014，第 4 章］。

▶第 8 章　意思表示

- 大村［2017，第 1 章第 1 節〜第 3 節］『新基本民法 1 総則編』。
- 内田［2008，第 2 部第 2 章二］。（ただし「錯誤」は改正未対応）

▶第 9 章　代　理

- 代理：大村［2017，第 3 章第 1 節］『新基本民法 1 総則編』。
- 権利の主体：内田［2008，第 2 部第 4 章一〜五・八］。

▶第 10 章　無権代理と表見代理

- 大村［2017，第 3 章第 2 節・第 3 節］『新基本民法 1 総則編』。
- 内田［2008，第 2 部第 4 章一〜七］。

▶第 11 章　無効・取消し

- 大村［2017，第 1 章第 3 節］『新基本民法 1 総則編』。
- 内田［2008，第 2 部第 6 章五・六］。

▶第 12 章　条件・期限

- 内田［2008，第 2 部第 7 章一］。

▶**第 13 章　期間の計算**

- 内田［2008，第 2 部第 7 章二］。

▶**第 14 章　時効概論**

- 大村［2017，第 2 章第 2 節］『新基本民法 1 総則編』。

▶**第 15 章　時効の障碍―時効の更新，完成猶予と援用―**

- 大村［2017，第 2 章第 2 節］『新基本民法 1 総則編』。

参考文献

以下に掲げる文献の他にも多くの文献を参考にさせていただいていますが，民法総則の教科書を中心に，主に初学者向けのもの，初学者が発展的学習を目指すのに適したものを掲げます。また，民法の教科書は，伝統的な教科書を除き，比較的新しいものを揚げます（項目ごとに，著者の50音順）。

▶法学入門
- 井田良ほか［2016］『法を学ぶ人のための文章作法』有斐閣。
- 大村敦志［2005］『父と娘の法入門』岩波書店。
- 道垣内弘人［2010］『プレップ法学を学ぶ前に』弘文堂。
- 山下純司ほか［2013］『法解釈入門―「法的」に考えるための第一歩』有斐閣。

▶民法入門
- 池田真朗［2012］『民法はおもしろい』講談社。
- 大村敦志［2017］『広がる民法1 入門編―法の扉を開く』有斐閣。＊民法（債権関係）改正対応。
- 大村敦志［2001］『民法総論』岩波書店。
- 河上正二［2014］『民法学入門（第2版増補版）』日本評論社。
- 潮見佳男［2017］『民法（全）』有斐閣。＊民法（債権関係）改正対応。
- 道垣内弘人［2017］『リーガルベイシス民法入門（第2版）』日本経済新聞出版社。＊民法（債権関係）改正対応。
- 星野英一［1998］『民法のすすめ』岩波書店。
- 米倉明［2018］『プレップ民法（第5版）』弘文堂。＊民法（債権関係）改正対応。

▶民法（総則）
- 内田貴［2008］『民法Ⅰ総則・物権総論（第4版）』東京大学出版会。
- 遠藤浩ほか［2004］『民法1 総則（第4版増補補訂3版）』有斐閣。
- 大村敦志［2017］『新基本民法1 総則編』有斐閣。＊民法（債権関係）改正対応。
- 加藤雅信［2005］『新民法大系Ⅰ民法総則（第2版）』有斐閣。
- 川井健［2008］『民法概論1 民法総則（第4版）』有斐閣。
- 河上正二［2007］『民法総則講義』日本評論社。
- 佐久間毅［2008］『民法の基礎1 総則（第3版）』有斐閣。
- 潮見佳男［2005］『民法総則講義』有斐閣。
- 四宮和夫＝能見善久［2010］『民法総則（第8版）』弘文堂。
- 中舎寛樹［2010］『民法総則』日本評論社。

- 平野裕之［2017］『民法総則』日本評論社。＊民法（債権関係）改正対応。
- 藤岡康宏［2015］『民法講義Ⅰ民法総論』信山社。
- 山田卓生ほか［2018］『民法Ⅰ総則（第4版）』有斐閣。＊民法（債権関係）改正対応。
- 山野目章夫［2017］『民法概論1』有斐閣。＊民法（債権関係）改正対応。
- 山本敬三［2011］『民法講義Ⅰ総則（第3版）』有斐閣。
- 我妻榮［1965］『新訂 民法総則』岩波書店。

▶民法（総則以外）
- 大村敦志［2015］『新基本民法2 物権編』有斐閣。＊民法の解釈，法人，取得時効を含む。
- 大村敦志［2016］『新基本民法5 契約編』有斐閣。＊民法（債権関係）改正対応。

▶民法（債権関係）改正
- 内田貴［2011］『民法改正―契約のルールが100年ぶりに変わる』筑摩書房。
- 内田貴［2013］『民法改正のいま―中間試案ガイド』商事法務。
- 大村敦志［2011］『民法改正を考える』岩波書店。
- 潮見佳男［2017］『民法（債権関係）改正法の概要』きんざい。
- 中田裕康ほか［2017］『講義債権法改正』商事法務。
- 松尾弘［2012］『民法改正を読む―改正論から学ぶ民法』慶應義塾大学出版会。
- 森田宏樹［2013］『債権法改正を深める―民法の基礎理論の深化のために』有斐閣。
- 山本敬三［2017］『民法の基礎から学ぶ民法改正』岩波書店。

事項索引

英数

94 条 2 項と 110 条の類推適用……145
94 条 2 項の類推適用……145

あ

相手方選択の自由……55
当てはめ……22
意思自治の原則……49
意思主義……61
意思能力……87
意思の合致……50
意思の通知……123
意思表示……50, 137
意思理論……87
一行問題……21
一物一権主義……57
一部無効……193
一般条項……74
一般法……34
一筆……118
営利法人……104
援用権者……247

か

外国人の権利能力……83
解除条件……208
学説……20
拡大解釈……45
確定期限……213
果実……120
過失責任主義……71
仮住所……97
慣習……38
感情の通知……124
間接代理……162
観念の通知……124
期間……217
期限……205
期限の利益喪失約款……215
期限の利益の喪失……214
期限の利益の放棄……214
既成条件……210
規範定立……21
基本代理権……183
旧民法……28
強行規定……39, 131
共同代理……166
強迫……154
居所……97
組合……102
形式主義……62
刑事法……24
契約……122
契約自由の原則……55, 70
契約の成立時期……54
現存利益……201
元物……120
顕名……167
権利失効の原則……225
権利能力……70, 79
権利能力なき財団……116
権利能力なき社団……115
権利能力なき社団・財団……114
権利濫用の禁止……73

行為能力	88
公益法人	104
効果意思	49, 137
公共の福祉	72
公示	64
公序良俗違反	127
公信力	66
合同行為	123
抗弁権の永久性	227
公法	34

さ

債権	23, 47
催告権	94
財団法人	104
債務	47
詐欺	151
錯誤	147
詐術	95
私権	72
時効の援用	245
時効の援用権の喪失	249
時効の完成猶予	240
時効の更新	240
時効の利益の放棄	248
自己契約	165
使者	161
自主占有	228
自然人	79
自然中断	231
失踪宣告	83
失踪宣告の取消し	84
実体法説	226
私的自治の原則	48, 70
私法	34
死亡	81
社団設立自由の原則	71
社団法人	104

住所	97
従物	119
縮小解釈	45
出生	81
受動代理	161
取得時効	227
主物	119
純粋随意条件	212
準法律行為	123
条件	205
承諾	51
譲渡性	58
消滅時効	233
条理	41
除斥期間	224
所有権絶対の原則	71
事例式問題	20
事例への当てはめ	22
信義誠実の原則	73
信託	103
心裡留保	139
随意条件	212
制定法	38
成年後見人	89
成年被後見人	89
絶対権	57
絶対性	57
占有の継続	230
占有の承継	230
先例拘束主義	41
相対権	57
双方代理	166
双務契約	56
訴訟法説	226

た

対価	56
体系的解釈	43

対抗問題······65
対抗要件······65
対抗要件主義······65
代理······157
代理権の濫用······168
諾成契約······55
他主占有······228
脱法行為······133
建物······118
単独行為······122
追認······172, 202
通謀虚偽表示······141
締結の自由······55
停止条件······208
撤回······54, 195
典型契約······55
天然果実······120
登記······64
動機······138
動産······119
同時死亡の推定······82
到達主義······52
特定承継······230
特定物······62
特別失踪······84
特別法······35
土地······118
取消し······54, 189, 195
取消原因······196
取消権者······196
取締規定······131

な

内容の自由······55
二重譲渡······64
任意規定······39, 130
任意後見······91
任意代理······160

認定死亡······87
脳死······81
能動代理······161

は

場合分け······22
背信的悪意者······65
背信的悪意者排除論······65
排他性······57
白紙委任状······181
発信主義······52
判決のまとめ方······75
反対解釈······44
パンデクテン方式······24
判例······18, 41
判例法······41
非営利法人······104
非典型契約······55
被保佐人······91
被補助人······92
表見代理······180
表示意思······137
不確定期限······213
付款······205
復代理······164
復代理人······164
不在者······83, 97
負担······56
普通失踪······83
物権······23
物権行為の独自性・無因性······60
物権の消滅······59
物権の発生······59
物権の変更······59
物権変動······61
物権変動の時期······62
物権法定主義······58
物権優先の原則······59

不動産	118	民法典論争	28
不特定物	62	無限責任法人	105
不能条件	211	無権代理	171
不法原因給付	130	無権代理と相続	173
不法条件	211	無効	189, 192
文理解釈	42	無償契約	56
片務契約	56	無名契約	55
法解釈学	14	明治民法	28
法解釈論	14	明認方法	66
包括承継	230	申込み	51
法源	37	申込みの誘因	51
方式の自由	55	目的的解釈	43
法人	101	物	116
法人格否認の法理	103	問題提起	20
法人の機関	107		
法人の本質	103		
法定果実	120		
法定条件	206	**や**	
法定代理	160	遺言自由の原則	71
法定追認	203	有限責任法人	105
法律意思説（客観的解釈説）	44	有償契約	56
法律行為	121	有名契約	55
法律的行為	123	要物契約	55
法律用語	18		
保佐人	91	**ら**	
補助人	93		
		立法者意思説	44
ま		立法論	14
		類推解釈	44
未成年者	88	例文解釈	125
民事法	24	論文式試験	20

判例索引

大審院・最高裁判所

大判明治38年 5 月11日民録11輯 706 頁〈百選Ⅰ 5〉 87
大判明治40年 3 月27日民録13輯 359 頁 168
大判明治43年10月31日民録16輯 739 頁 206
大判大正 4 年 3 月24日民録21輯 439 頁 206
大判大正 5 年 6 月10日民録22輯1149頁 201
大判大正 5 年 9 月20日民録22輯1821頁 134
大判大正 5 年12月28日民録22輯2529頁 202
大判大正 6 年 2 月24日民録23輯 284 頁 147
大判大正 6 年11月14日民録23輯1965頁 236
大判大正 7 年 3 月20日民録24輯 623 頁 214
大判大正 7 年 4 月13日民録24輯 669 頁 237
大判大正 8 年 3 月 3 日民録25輯 356 頁〈百選Ⅰ 2〉〔信玄公旗掛松事件〕 74
大判大正 8 年 7 月 9 日民録25輯1373頁 134
大判大正 9 年 5 月25日民録26輯 759 頁 237
大判大正 9 年 6 月 5 日民録26輯 812 頁 168
大判大正10年 3 月 5 日民録27輯 493 頁 236
大判大正10年 6 月 2 日民録27輯1038頁〈百選Ⅰ19〉 125
大判大正12年 6 月11日民集 2 巻 396 頁〈百選Ⅰ39〉 203
大連判大正13年10月 7 日民集 3 巻 476 頁〈百選Ⅰ10〉 118
大判昭和 4 年11月22日新聞3060号16頁 204
大判昭和 5 年 5 月24日民集 9 巻 468 頁 217
大判昭和 6 年 6 月22日民集10巻 440 頁 198
大判昭和 6 年10月24日新聞3334号 4 頁 144
大判昭和 7 年 6 月 6 日民集11巻1115頁 166
大判昭和 7 年10月 6 日民集11巻2023頁 80
大判昭和 9 年 5 月 1 日民集13巻 875 頁〈百選Ⅰ15〉 128
大判昭和 9 年 9 月15日民集13巻1839頁 214
大判昭和10年10月 1 日民集14巻1671頁〈百選Ⅰ11〉 119
大判昭和10年10月 5 日民集14巻1965頁〈百選Ⅰ 1〉〔宇奈月温泉事件〕 77
大判昭和12年 5 月28日民集16巻 903 頁 199
大判昭和12年 8 月10日新聞4181号 9 頁 142
大判昭和12年 9 月17日民集16巻1435頁 234

261

判例	頁
大判昭和13年2月7日民集17巻59頁	85
大判昭和13年3月30日民集17巻578頁	129
大判昭和16年8月26日民集20巻1108頁	133
大連判昭和17年5月20日民集21巻571頁	184
大判昭和17年9月30日民集21巻911頁〈百選I 55〉	153
大判昭和19年12月22日民集23巻626頁〈百選I 33〉	186
大判昭和20年5月21日民集24巻9頁	198
大判昭和20年9月10日民集24巻82頁	236
最判昭和23年12月23日民集2巻14号493頁	140
最判昭和25年12月28日民集4巻13号701頁	194
最判昭和28年6月16日民集7巻6号629頁	200
最判昭和28年9月25日民集7巻9号979頁	73
最判昭和30年10月7日民集9巻11号1616頁	128
最判昭和31年6月1日民集10巻6号612頁	167
最判昭和31年12月28日民集10巻12号1613頁	141
最判昭和33年6月20日民集12巻10号1585頁〈百選I 52〉	62
最判昭和33年7月1日民集12巻11号1601頁	154
最判昭和33年9月18日民集12巻13号2027頁	111
最判昭和35年2月2日民集14巻1号36頁	143
最判昭和35年2月19日民集14巻2号250頁	183
最判昭和35年3月18日民集14巻4号483頁	131
最判昭和35年6月9日民集14巻7号1304頁	184
最判昭和35年10月21日民集14巻12号2661頁	182
最判昭和36年4月20日民集15巻4号774頁	53
最判昭和36年5月26日民集15巻5号1404頁	206
最判昭和36年11月21日民集15巻10号2507頁〈百選II 42〉	73
最判昭和37年4月20日民集16巻4号955頁〈百選I 35〉	175
最判昭和38年6月7日民集17巻5号728頁	142
最判昭和38年9月5日民集17巻8号909頁	141
最判昭和39年1月23日民集18巻1号37頁〔有毒あられ事件〕	132
最判昭和39年1月28日民集18巻1号136頁	110
最判昭和39年4月2日民集18巻4号497頁	183
最判昭和39年5月23日民集18巻4号621頁〈百選I 27〉	181
最判昭和39年10月15日民集18巻8号1671頁〈百選I 8〉	115
最判昭和39年10月30日民集18巻8号1837頁	206
最判昭和40年4月6日民集19巻3号564頁	225
最判昭和40年6月18日民集19巻4号986頁	174
最大判昭和41年4月20日民集20巻4号702頁〈百選I 43〉	250
最判昭和41年4月26日民集20巻4号849頁	111
最判昭和41年12月22日民集20巻10号2168頁	143

最判昭和 42 年 4 月 20 日民集 21 巻 3 号 697 頁〈百選Ⅰ26〉 ………………………………141, 168
最判昭和 42 年 7 月 21 日民集 21 巻 6 号 1643 頁〈百選Ⅰ45〉 ……………………………………230
最判昭和 43 年 3 月 8 日民集 22 巻 3 号 540 頁 ……………………………………………………166
最判昭和 43 年 10 月 17 日判時 540 号 34 頁 ………………………………………………………236
最判昭和 44 年 2 月 13 日民集 23 巻 2 号 291 頁 ……………………………………………………95
最判昭和 44 年 2 月 27 日民集 23 巻 2 号 511 頁 …………………………………………………103
最判昭和 44 年 3 月 28 日民集 23 巻 3 号 699 頁〈百選Ⅰ85〉 ……………………………………119
最判昭和 44 年 5 月 27 日民集 23 巻 6 号 998 頁 ………………………………………………143, 146
最判昭和 44 年 6 月 26 日民集 23 巻 7 号 1175 頁 …………………………………………………116
最判昭和 44 年 7 月 4 日民集 23 巻 8 号 1347 頁〈百選Ⅰ84〉 ……………………………………111
最判昭和 44 年 7 月 15 日民集 23 巻 8 号 1520 頁 …………………………………………………248
最判昭和 44 年 12 月 18 日民集 23 巻 12 号 2476 頁〈百選Ⅲ9〉 …………………………………185
最判昭和 45 年 5 月 21 日民集 24 巻 5 号 393 頁 ……………………………………………………249
最大判昭和 45 年 6 月 24 日民集 24 巻 6 号 625 頁 …………………………………………………110
最大判昭和 45 年 7 月 15 日民集 24 巻 7 号 771 頁 …………………………………………………235
最判昭和 45 年 7 月 24 日民集 24 巻 7 号 1116 頁 …………………………………………………144
最判昭和 45 年 7 月 28 日民集 24 巻 7 号 1203 頁〈百選Ⅰ32〉 ……………………………………182
最判昭和 45 年 9 月 10 日民集 24 巻 10 号 1389 頁 …………………………………………………241
最判昭和 45 年 9 月 22 日民集 24 巻 10 号 1424 頁〈百選Ⅰ21〉 …………………………………145
最判昭和 46 年 6 月 3 日民集 25 巻 4 号 455 頁 ……………………………………………………184
最判昭和 46 年 7 月 23 日判時 641 号 62 頁 …………………………………………………………236
最判昭和 47 年 6 月 2 日民集 26 巻 5 号 957 頁 ……………………………………………………115
最判昭和 48 年 7 月 3 日民集 27 巻 7 号 751 頁 ……………………………………………………175
最判昭和 48 年 10 月 9 日民集 27 巻 9 号 1129 頁〈百選Ⅰ9〉 ……………………………………115
最判昭和 48 年 10 月 26 日民集 27 巻 9 号 1240 頁 …………………………………………………103
最判昭和 49 年 9 月 26 日民集 28 巻 6 号 1213 頁〈百選Ⅰ23〉 ……………………………………152
最判昭和 50 年 4 月 8 日民集 29 巻 4 号 401 頁 ……………………………………………………194
最判昭和 51 年 4 月 23 日民集 30 巻 3 号 306 頁 ……………………………………………………225
最判昭和 51 年 5 月 25 日民集 30 巻 4 号 554 頁 ……………………………………………………250
最判昭和 51 年 6 月 25 日民集 30 巻 6 号 665 頁〈百選Ⅰ30〉 ……………………………………184
最判昭和 53 年 2 月 24 日民集 32 巻 1 号 110 頁 ……………………………………………………194
最判昭和 56 年 3 月 24 日民集 35 巻 2 号 300 頁〈百選Ⅰ14〉 ……………………………………129
最判昭和 57 年 10 月 19 日民集 36 巻 10 号 2163 頁 …………………………………………………233
最判昭和 60 年 11 月 29 日民集 39 巻 7 号 1760 頁〈百選Ⅰ31〉 ………………………………112, 184
最判昭和 61 年 3 月 17 日民集 40 巻 2 号 420 頁〈百選Ⅰ41〉 ……………………………………246
最判昭和 61 年 11 月 20 日民集 40 巻 7 号 1167 頁〈百選Ⅰ12〉 …………………………………128
最判昭和 62 年 6 月 5 日判時 1260 号 7 頁〈百選Ⅰ47〉 ……………………………………………232
最判昭和 62 年 7 月 7 日民集 41 巻 5 号 1133 頁〈百選Ⅰ34〉 …………………………………178, 187
最判昭和 63 年 3 月 1 日家月 41 巻 10 号 104 頁 ……………………………………………………175
最判平成 元 年 9 月 14 日家月 41 巻 11 号 75 頁 ……………………………………………………148

最判平成元年12月21日民集43巻12号2209頁……224
最判平成4年9月22日金法1358号55頁……167
最判平成4年12月10日民集46巻9号2727頁……168
最判平成5年1月21日民集47巻1号265頁〈百選Ⅰ36〉……175
最判平成6年2月22日民集48巻2号441頁〈百選Ⅰ44〉……235
最判平成6年5月31日民集48巻4号1029頁〈百選Ⅰ40〉……210
最判平成8年3月19日民集50巻3号615頁〈百選Ⅰ7〉……111
最判平成10年6月11日民集52巻4号1034頁〈百選Ⅰ25〉……53
最判平成10年6月12日民集52巻4号1087頁……224
最判平成10年7月17日民集52巻5号1296頁……174
最判平成11年2月23日民集53巻2号193頁〈百選Ⅰ17〉……131
最判平成11年3月11日民集53巻3号451頁……220
最判平成14年3月28日民集56巻3号662頁〈百選Ⅰ3〉……73
最判平成15年4月18日民集57巻4号366頁〈百選Ⅰ13〉……129
最判平成18年2月23日民集60巻2号546頁〈百選Ⅰ22〉……146
最判平成21年4月28日民集63巻4号853頁……224
最判平成25年6月6日民集67巻5号1208頁……241

高等裁判所

東京控判昭和12年2月24日法律新報466号11頁……110
大阪高判昭和54年11月22日高民集32巻2号224頁……222
大阪高判平成29年4月27日判時2346号72頁……149

地方裁判所

大阪地判昭和62年2月27日判時1238号143頁……149

▶著者紹介

尾島　茂樹（おじま　しげき）

名古屋大学大学院法学研究科教授
1962年　愛知県名古屋市生まれ
1985年　名古屋大学法学部卒業
1987年　名古屋大学大学院法学研究科博士課程（前期課程）修了
名古屋大学法学部助手，椙山女学園大学生活科学部講師，金沢大学法学部助教授・教授，金沢大学大学院法務研究科教授を経て，2012年から現職
主著：『物権法・担保物権法』（共著，青林書院，2000年），『民法総則』（共著，不磨書房，2001年），『ビジネス法務の基礎』（共著，実教出版，2016年）など。

民法総則

2018年4月30日　第1版第1刷発行

著　者	尾　島　茂　樹
発行者	山　本　　　継
発行所	㈱中　央　経　済　社
発売元	㈱中央経済グループ パブリッシング

〒101-0051　東京都千代田区神田神保町1-31-2
電　話　03（3293）3371（編集代表）
　　　　03（3293）3381（営業代表）
http://www.chuokeizai.co.jp/
製版／三英グラフィック・アーツ㈱
印刷／三　英　印　刷　㈱
製本／誠　　製　　本　㈱

Ⓒ 2018
Printed in Japan

＊頁の「欠落」や「順序違い」などがありましたらお取り替えいたしますので発売元までご送付ください。（送料小社負担）

ISBN978-4-502-25361-4　C3032

JCOPY〈出版者著作権管理機構委託出版物〉本書を無断で複写複製（コピー）することは，著作権法上の例外を除き，禁じられています。本書をコピーされる場合は事前に出版者著作権管理機構（JCOPY）の許諾を受けてください。
JCOPY〈http://www.jcopy.or.jp　eメール：info@jcopy.or.jp　電話：03-3513-6969〉